El poder de la palabra hablada

FLORENCE SCOVEL SHINN

EL PODER DE LA PALABRA HABLADA

México ♦ Miami ♦ Buenos Aires

Título original: *The Power of the Spoken Word*
© DeVorss & Company

El poder de la palabra hablada
© Florence Scovel Shinn, 2009

D. R. © Editorial Lectorum, S. A. de C. V., 2009
Batalla de Casa Blanca Manzana 147 Lote 1621
Col. Leyes de Reforma, 3a. Sección
C. P. 09310, México, D. F.
Tel. 5581 3202
www.lectorum.com.mx
ventas@lectorum.com.mx

    L. D. Books, Inc.
    Miami, Florida
    ldbooks@ldbooks.com

Cuarta reimpresión: febrero de 2012
ISBN: XXX-XXX-XXX-XXX-X

D. R. © Traducción: Catherine Seelig
D. R. © Portada: Perla Alejandra López Romo

Características tipográficas aseguradas conforme a la ley.
Prohibida la reproducción parcial o total sin autorización escrita del editor.

Impreso y encuadernado en México.
Printed and bound in Mexico.

ARMAS QUE USTEDES DESCONOCEN

"¡Yo poseo armas que ustedes desconocen! ¡Uso caminos que ustedes no imaginan! ¡Tengo canales que ustedes no sospechan! ¡Armas secretas, caminos misteriosos, canales insospechados! Dios trabaja de manera misteriosa para llevar a cabo sus milagros". El problema que tiene la mayor parte de la gente es que quieren conocer por adelantado el camino y los canales. Quieren decirle a la Inteligencia Suprema de qué manera debe contestar a sus oraciones. No tienen fe en la creatividad y la sabiduría de Dios. Rezan, tratando de dar a la Inteligencia Infinita direcciones específicas para que actúe; en otras palabras, ellos intentan limitar al Santo de Israel.

Jesucristo afirmó: "En el momento en que ustedes rezan, creen que ya es suyo". ¿Acaso existe algo más directo o sencillo? "Para entrar en mi reino hay que ser como un niño pequeño." Podemos interpretar las Escrituras y decir: "Sean como un niño pequeño, como sus esperanzas, y sus oraciones serán escuchadas". Un niño espera con alegría e ilusión sus juguetes en Navidad. Pondremos como ejemplo al pequeño niño que para Navidad pidió un tambor. Él no se queda despierto toda la noche pensando en su tambor. Se va a la cama y duerme plácidamente, sin que nada le preocupe. A la mañana siguiente, cuando se despierta brinca de la cama, listo para disfrutar ese día feliz que lo está esperando y maravillado descubre lo que tiene frente a él.

Por el contrario, un adulto pasa toda la noche despierto pensando y pensando en su problema. En vez de un tambor ve una gran cantidad de dinero. ¿No deja de pensar de qué manera y cuándo llegará hasta él? Asegurará que su fe en Dios es inquebrantable, pero que quisiera saber más sobre la forma y el cómo trabaja. Y la respuesta llega: "¡Yo poseo armas que ustedes desconocen! Mis canales son ingeniosos, mis métodos son seguros".

"Confía en tus vías hacia mí, ten fe en mí." A mucha gente le resulta muy difícil confiar de esta manera en el Señor. Implica, por supuesto, seguir sus presentimientos, pues la intuición es el canal mágico, el camino directo hacia su manifestación. La intuición es una facultad espiritual que está más allá de la razón. Esa "vocecita silenciosa", conocida comúnmente como corazonada o presentimiento, es la que nos dice: "El camino que hay que recorrer es éste". Hablo de la intuición con mucha frecuencia porque es parte fundamental del desarrollo espiritual.

Es la Guía Divina. Es Dios que está en nuestro interior, es el ojo que vigila a Israel y que nunca duerme o se distrae. Nada es insignificante para él. Identifiquémoslo en todas sus formas y despejará nuestros caminos. Procuremos no despreciar esas pequeñas cosas que nos pasan durante el día (esos eventos supuestamente insignificantes).

Para una persona que toda su vida se ha dejado mandar por sus razonamientos le resulta muy difícil seguir su intuición espontáneamente, sobre todo para quienes tienen lo que se conoce como hábitos regulares. Los que están acostumbrados a hacer las mismas cosas todos los días y a la misma hora. Comen a una hora específica. Se despiertan y se acuestan, cuando el reloj se los indica. Cualquier variación los perturba.

Poseemos el poder de elegir: seguir el camino mágico de la intuición, o el largo y difícil camino de la rutina, siguiendo las órdenes del razonamiento. Llegaremos a la cima si seguimos al superconsciente. En la intuición, se encuentran las imágenes de la juventud y de la vida eternas; donde la muerte termina consigo misma. Nosotros tenemos el poder para grabar en la mente subconsciente estas imágenes. Por tratarse de un simple poder sin dirección el subconsciente lleva a cabo esta idea, así nuestros cuerpos se transmutan en el cuerpo que nunca muere. Esta idea se encuentra expresada parcialmente en la película *El Horizonte Perdido*. Shangri-La resultó ser una representación simbólica del "Mundo Maravilloso", donde todo lo que nos rodea es perfecto.

Para su cuerpo y sus circunstancias existe un modelo espiritual. Lo llamo el Plan Divino; este Plan Divino es una Idea Perfecta en nuestra mente superconsciente. Para la mayor parte de la gente poder manifestar la Idea Divina en sus cuerpos y circunstancias es algo muy lejano. Pero han grabado, en su subconsciente, imágenes contrarias a ésta, como el envejecimiento, la enfermedad y la muerte, y ha realizado al pie de la letra estas órdenes. Es el momento de dar una nueva orden: "Ahora dejo que la Idea Divina que está en mi mente se manifieste en mi cuerpo y circunstancias". Esta afirmación se grabará en su subconsciente cuando le repitan y quedarán maravillados por los cambios que pronto comenzarán a suceder. Serán bombardeados por ideas y sueños nuevos. En su cuerpo sucederán cambios químicos. El Plan Divino se extenderá rápidamente, su ambiente cambiará por uno mejor donde todas las condiciones son siempre perfectas.

"Levantándose por encima de sus cabezas, sus rejas, y al ascender su ser, sus puertas eternas, el Rey de la Gloria ingresará. ¿Quién es el Rey de la Gloria? El Señor (o Ley) fuerte y poderoso. El Señor que es poderoso en batalla."

No lo olviden, la Biblia habla sobre pensamientos y niveles de conciencia. En la mente superconsciente existe una imagen de las Ideas Perfectas proyectándose en su mente consciente. Las rejas y puertas se levantarán y "El Rey de la Gloria entrará".

Este Rey de la Gloria posee armas que ustedes desconocen y ha expulsado al ejército invasor (los pensamientos negativos atrincherados en sus mentes desde hace innumerables edades). Los pensamientos negativos siempre han vencido a la manifestación de los deseos en su corazón. Son una clase de pensamientos que se han arraigado en el subconsciente debido a que continuamente pensamos en las mismas cosas. Se han erigido como una idea fija: "La vida es dura y está llena de decepciones". Usted encontrará estos pensamientos en su vida como si fueran experiencias reales, "la vida viene como resultado de lo que no imagina el corazón".

"Los míos son caminos maravillosos." Debemos construir en la conciencia un paisaje lleno de paz, concordia y belleza, para que algún día se manifieste y se haga visible. Continuamente, el Plan Divino de nuestra vida se presenta como un destello en nuestra conciencia y pensamos que es demasiado bueno como para ser verdad. Son muy pocos los que cumplen con su destino. Entendamos por destino el lugar que nos corresponde. Nacemos plenamente equipados para llevar a cabo el Plan Divino de nuestras vidas. Nos encontramos en condiciones iguales frente a cada situación. Si pudiéramos hacer que estas palabras se manifestaran, las puertas se abrirían rápidamente y las vías se despejarían. Realmente podríamos escuchar el murmullo de la Actividad Divina, y nos haríamos uno con la Inteligencia Infinita, la cual no sabe lo que es el fracaso. Las oportunidades se presentarán frente a nosotros venidas de lugares insospechados. Así, el Plan Divino se realizaría pues en todos nuestros asuntos la Idea Divina trabajaría.

Dios es Amor pero también es la Ley: "Si ustedes me aman, respeten mis mandamientos" (o leyes). El doctor Ernest Wilson me explicó este primer conocimiento de la Verdad; este conocimiento se presentó cuando acababa la lectura del libro *Concentración* de Emerson. Concentración quiere decir absorción amorosa. Vemos, por ejemplo, a los niños absortos amorosamente en sus juegos. Únicamente podemos alcanzar el éxito si seguimos una línea que verdaderamente nos interese. Los grandes inventores jamás se cansan de su trabajo, si no fuera así no llevarían a cabo sus extraordinarias invenciones. Nunca intente obligar a un niño a hacer algo que no quiera hacer. Sólo conseguiría una decepción. El primer paso para alcanzar el éxito es estar contento de ser uno mismo. Una gran cantidad de personas está cansada de ser ella misma. Siempre desea estar en el lugar de alguien más, no se tiene confianza.

Cuando visité Londres conocí a un hombre que vendía en la calle una nueva canción, se titulaba *Le hago cosquillas a la muerte que está en mí*. Me pareció una idea fabulosa; lo esencial es estar satisfecho con uno mismo. Entonces puedes desarrollarte ágilmente en el Plan Divino, donde tu vida se realiza. Deberías estar convencido de que el Plan Divino de tu vida te complacerá totalmente. No volver a sentir, en ningún momento, envidia de alguien. Frecuentemente las personas son impacientes y se amedrentan. Tomé esta idea cuando leía en el periódico un artículo sobre Omaha, el famoso caballo de carreras. El artículo decía: "Antes de comenzar su paso largo Omaha tiene que correr una milla". No cabe duda que existen muchos Omahas en el mundo, y ellos pueden comenzar su paso largo espiritual y, en un parpadeo, ganar la carrera.

"Maravíllate de ti mismo, también del Señor, y Él concederá los deseos de tu corazón." Deléitate en la Ley y nosotros proveeremos los deseos de tu corazón. "Maravillémonos en la Ley", procuremos alegrarnos haciendo una demostración. Disfrutemos de la confianza que tenemos en Dios, intentando ser felices al dejarnos guiar por nuestros presentimientos. La mayor parte de la gente dice: "Oh, Dios, tienes que enseñarme cómo obtener dinero de nuevo"; o bien: "Oh, Dios, escucha: mis presentimientos me ponen nervioso y no tengo el valor para seguirlos". A muchas personas les gusta jugar al golf y al tenis, ¿y acaso hay algo que les impida disfrutar mientras juegan el juego de la vida? Lo que sucede es que jugamos con energías que somos incapaces de ver. Jugando golf o tenis, usamos pelotas que se pueden ver y una meta visible; ¿pero este juego es más importante que el juego de la vida? La meta es realizar el Plan Divino de nuestra vida, donde todo es perfecto siempre.

"Reconócelo en todas sus manifestaciones y él despejará los canales." Cada vez que nos unimos a la intuición, nos ayuda para guiarnos, finalmente, como si fuera un poste indicador. De esa manera muchas personas son guiadas por su difícil vivir a intentar encontrar una salida, en vez de "intuirla".

Conocí a una mujer que decía tener un conocimiento total de la Verdad y sus aplicaciones, pero justamente cuando tiene un problema, pesa y mide la situación, se pone a razonar. Si actúa así jamás resolverá su problema. La intuición se esfuma por la ventana cuando la razón toca a la puerta. La intuición es una facultad espiritual, es el superconsciente, y jamás se explicará a sí misma. Escuché una voz antes que la mía, y dijo: "El camino que tienen que recorrer es este". Una persona me preguntó si la mente racional fue buena alguna vez. El razonamiento debe ser libre. Confiemos en la Ley Espiritual y todo "nos será dado".

Nuestra misión es ser buenos receptores, por eso deben prepararse para dar las gracias cuando su bendición llegue y alegrarse por ello.

Yo poseo armas que ustedes desconocen y caminos que no imaginan.

DIO HASTA SU PODER

Mirad, os he dado el poder de pisar sobre serpientes y escorpiones, y sobre todo poder del enemigo, y nada os podrá hacer daño
Lucas 10: 19

El don que Dios dio al ser humano es su propio poder; el poder y autoridad sobre todo lo creado: su mente, su cuerpo y su acontecer. De la ausencia de ese poder nace toda la infelicidad. El ser humano se ve a sí mismo frágil y víctima de las circunstancias, e induce esas "situaciones sobre las que no tiene control" provocando su fracaso. Las personas por sí mismas son evidentemente víctimas de las circunstancias; pero si se unen al poder de Dios todas las cosas se vuelven posibles.

Gracias al conocimiento de la metafísica podemos descubrir cómo conseguirlo. Nos conectamos con ese poder por medio de nuestras palabras. Así, milagrosamente, cada carga es eliminada y se gana cada batalla. El control sobre la vida y la muerte radica en el poder de la palabra. Cuida tus palabras con mucho afán. Continuamente, tú cosechas los frutos de tus palabras. "A quien es valiente y se sostiene en mis obras hasta el fin, a él le doy el poder y dominio sobre las naciones." Sostenerse significa conquistar todas las dudas, temores y vibraciones negativas. Una persona con paz y equilibrio perfectos, colmado de amor y buena voluntad, será capaz de eliminar todas las vibraciones negativas. Las desharía como la nieve bajo los rayos del sol. Jesucristo afirmó: "Les doy todo el poder para traer el cielo a la tierra". Nos permitimos dar las gracias para que esto pase ahora, para que veamos que el mal es aparente y podamos salir sin ninguna mancha. El poder de Dios está en tu interior, en tu mente superconsciente. Ese es el reino de la iluminación, la manifestación y la perfección. Es el reino de los prodigios y los milagros. Los cambios, que aparentemente era imposibles, ocurren rápidamente por nuestro bien. Se abren puertas donde no había ninguna. Por canales ocultos e insospechados, se presenta el Suministro Divino, porque "Dios posee armas que ustedes desconocen".

Cuando trabajamos con el poder de Dios encauzamos nuestro camino y la tendencia a razonar que tiene la mente se apacigua. La Inteligencia Infinita sabe cómo responder a ese instante que pregunta. Al ser humano la parte que le toca es alegrarse y agradecer por medio de sus actos de fe. Esta experiencia me la contó una mujer muy conocida en Inglaterra. Ella rezaba, con mucho apremio, por una intuición de Dios, entonces le llegaron estas palabras: "Actúa como lo que fui y lo que soy". Una y otra vez, me dijo esto exactamente: sólo la fe activa impresiona el subconsciente, y a menos que se grabe en el subconsciente, no conseguiremos nada.

Ahora les daré un ejemplo que aclara cómo trabaja la Ley. Cierta mujer fue a verme deseando de todo corazón tener un buen matrimonio y un hogar feliz. Estaba muy enamorada de cierto hombre, pero éste tenía un carácter muy difícil. Después de que ella le había demostrado su amor y devoción, él repentinamente cambió, y salió de su vida. Ella estaba resentida y desilusionada, se veía muy infeliz. Entonces le dije: "¡Ahora es el momento de arreglar tu hogar feliz! Comienza a comprar pequeñas cosas como si no tuvieras un momento para ahorrar". De esa manera tuvo mucho interés en conseguir su hogar feliz, cuando todas las circunstancias aparentemente estaban en su contra. "Ahora —le dije—, tendrás que hacer permanente esta situación y volverte inmune a cualquier rencor y desdicha". Le di el siguiente decreto: "Ahora estoy protegida de cualquier herida y odio: con Cristo en mi interior esta armonía es sólida como una roca". Y agregué: "En el momento en que te vuelvas inmune a toda herida y rencor, el hombre al que amas regresará o su equivalente te será dado". Pasaron varios meses, hasta que cierta tarde vino a visitarme y me dijo: "Sólo tengo sentimientos buenos y amistosos por ese hombre. Si él no es quien me corresponde por Derecho Divino, estaré más feliz". Poco tiempo después, se encontró con ese hombre, estaba muy contrariado por la forma en que se había portado: le suplicó que lo perdonara. Contrajeron matrimonio al poco tiempo, y el hogar feliz se pudo manifestar. Pues lo había creado alrededor de su fe activa.

Sólo en tu interior están tus enemigos. El "dolor" y el "rencor" eran los enemigos de esta mujer. Desde luego, había "serpientes y escorpiones". Muchas vidas se han perdido por estos dos enemigos. Cuando se hizo una con el poder de Dios, todo obstáculo desapareció en su vida. No podía ser lastimada de ninguna manera.

Imagine lo que significa vivir libre de toda experiencia desdichada. Este ideal se consigue al tener, a cada momento, un contacto consciente con el poder de Dios. La palabra "poder" se menciona muchas veces en la Biblia: "Tú debes recordar al Señor como tu Dios, porque Él es quien da el poder para conseguir la riqueza".

Quien tiene una conciencia rica atrae riquezas. Una persona con una conciencia pobre atrae pobreza. Conozco a muchas personas que encarnan esta Verdad, pero que empujados por las carencias y restricciones se unen con el poder de Dios, dejan de depender de lo exterior, confían en que Dios les dará ese invencible poder; gracias a esta Inteligencia Suprema sólo conocemos el Camino de la realización. "Confíen en mí y todo sucederá."

Todo el conocimiento que tengamos de la Verdad puede hacernos concluir que Dios es el único Poder. Es Poder, Presencia y Plan.

Una vez que se tiene la idea fija de que solamente existe un Poder en el universo —el Poder de Dios—, toda apariencia negativa se esfumará de su mundo. Cuando obtengamos una demostración debemos aceptar este único Poder. La maldad nace de los seres humanos que "imaginan superficialmente". Elimina todo el poder que le das a la maldad y ésta no te podrá tocar.

Ahora les daré un ejemplo que demuestra cómo funciona la Ley. Me encontraba en un restaurante con una amiga, quien notó que había algo en su vestido. Ella estaba convencida de que la mancha no se quitaría. Entonces le dije: "Le haremos un tratamiento"; y pronuncié la siguiente afirmación: "El mal es ficticio y al salir no deja ninguna huella". Y agregué: "Ahora, no la veas, deja el asunto en manos de la Inteligencia Infinita". Después de una hora miramos y no había ni el más ligero rastro de la mancha.

Lo que es efectivo para las pequeñas cosas es efectivo para las grandes cosas. Puedes pronunciar esta afirmación para borrar desgracias pasadas o faltas, de una manera u otra, por la Gracia, los efectos se esfumarán, se irán sin dejar huella.

Muchas personas utilizan su poder personal en vez de usar el de Dios, lo cual siempre provoca un resultado infeliz. Usar el poder personal significa ansiedad personal. Les daré el ejemplo de una mujer que hace tiempo vino a consultarme. Su marido trabajaba en un periódico dibujando tiras cómicas. Realizar esos dibujos requería poseer mucho conocimiento del lenguaje. Ella resolvió que él debería cultivar su mente y leer los clásicos. Ella insistió mucho en que él fuera a la universidad, y para que pudiera hacerlo se mudaron a una comunidad escolar. ¡En un inicio él se resistió un poco, sin embargo después comenzó a gustarle! Pronto se empapó con los clásicos. Llegó un momento en el que solamente hablaba de Platón o de Aristóteles. Quería que la comida fuera preparada tal y como ellos la habían comido y que se presentara en la mesa con la misma sencillez. La vida de esta mujer se volvió una gran pesadilla. Después de esta experiencia jamás volvió a intentar cambiar a las personas. La única persona que cambia es uno mismo. ¡Cuando tú cambies, todas las condiciones que te rodean cambiarán! ¡Hasta las personas cambiarán!

Si te mantienes tranquilo frente a una situación, ésta caerá, por su propio peso, lejos de ti. Nuestra vida se desdibuja por el aumento gradual de sus creencias subconscientes. Dondequiera que estés, estas condiciones van contigo.

"Me mantengo fuerte en el Señor y en el Poder de su fuerza."

"Innumerables ejércitos de Poder me respaldan."

El Poder significa dominio y dominio significa control. Gracias al conocimiento de la Ley Espiritual los seres humanos pueden controlar sus circunstancias. Si sabe que su problema es por escasez o limitación, su primera necesidad será hallar un suministro. Así, se hará uno con el poder de Dios y dará gracias por su suministro inmediato. Si la situación está demasiado cerca de usted y se llena de dudas y miedos, pida ayuda a un Practicante, a alguien que vea claramente por usted.

Un hombre me dijo que en un Centro de la Verdad, en Pittsburg, escuchó a varias personas hablar sobre mí y les preguntó: "¿Quién es esa tal Florence Scovel Shinn?" Alguien le contestó: "Oh, ella es la autora de *El juego de la vida*, si usted le escribe podrá conseguir un milagro". Sin perder tiempo me escribió y obtuvo una demostración. Jesucristo dijo: "Se realizará cuando dos de ustedes estén de acuerdo". Si no es capaz de ver claramente su bien, no dude en solicitar ayuda. Jesucristo vio claramente por las personas que curó. Él no les dijo cómo debían sanarse a sí mismas. Evidentemente, cuando tienes fija la idea de que el Poder de Dios es el único Poder y de que el Plan Divino es el único Plan, puedes hacer más largo el estado en el que no se necesita nada de ayuda para controlar la situación.

Jamás debemos tomar bendiciones de la Inteligencia Infinita, éstos nos deben ser dados. La parte que le corresponde al ser humano es ser un receptor agradecido. "Mirad, os he dado el poder de pisar sobre serpientes y escorpiones, y sobre todo poder del enemigo, y nada os podrá hacer daño." "Tus actos con Él te dan el dominio sobre las obras de sus manos y ponen todas las cosas bajo tus pies. Sobre toda oveja y buey, y hasta las bestias de los campos." Esta es la idea que los seres humanos tienen de Dios, pero la idea que tienen de sí mismos es de limitación y fracaso. Es sólo en un maravilloso momento cuando el ser humano parece alcanzar el control y poder.

No es sino hasta que nos enfrentamos a una situación de carencia, cuando de pronto manifestamos el poder que se nos ha otorgado. He conocido a muchas personas que normalmente son ansiosas y nerviosas, pero llegan a tener serenidad y fortaleza cuando se trata de hacer frente a una situación importante.

"¡Oh, Israel escucha! No tenemos necesidad de pelear, permanezcamos serenos y seamos testigos de la salvación del Señor." Con frecuencia las personas se preguntan: "¿Qué significa permanecer serenos, sin hacer absolutamente nada?" *Permanecer serenos* quiere decir estar en equilibrio. En una ocasión le dije a un hombre que estaba muy nervioso y tenso: "Tómalo con calma y sé testigo de la protección del Señor". Él me contestó: "Eso me ha ayudado mucho". La mayor parte de las personas son puestas a prueba con demasiada dureza. Tienen que aguantar sus cargas y pelear sus batallas. Por esa razón, todo el tiempo están en conflicto y jamás consiguen lo que llamamos una demostración. Hazte a un lado, y sé testigo de la salvación del Señor. Parafraseando las Escrituras podemos decir: "¡Oh, Israel escucha!, jamás podrás ganar esa batalla luchando, sólo déjamela a Mí y te daré la victoria".

Si sigues el camino mágico de la intuición huirás de todas las dificultades y problemas, y crearás un camino recto hacia tu demostración. No hay que olvidar que nosotros siempre decimos que jamás ignoramos las pequeñas cosas cotidianas. Pero es un gran error creer que cualquier cosa es insignificante. En cierta ocasión fui a una tienda para comprar unas cosas. Hay dos tiendas en mi vecindario, una tiene precios más altos y en la otra los artículos son mucho más económicos, aunque vendían las mismas cosas. La razón me decía: "Ve al lugar más barato"; pero mi intuición me dijo: "Ve al lugar más caro". Evidentemente, seguí el camino mágico. Le dije al empleado lo que necesitaba. Entonces me dijo: "Esos dos artículos hoy están en oferta, dos por el precio de uno, porque están promocionando uno de los productos". De esa manera una corazonada me condujo al precio y lugar correctos. La diferencia en el precio fue tan sólo de cincuenta centavos, pero la intuición siempre vigila nuestros intereses. Si hubiera intentado conseguir algo más barato, habría ido a la otra tienda y hubiera pagado por los dos artículos. Si aprendemos de las pequeñas cosas, estaremos preparados para manejar las grandes cosas.

Leyendo las Escrituras, nos damos cuenta que el regalo que Dios otorgó a los seres humanos es el Poder. Los problemas y las circunstancias automáticamente nos seguirán. Dios le dio al ser humano este poder para su deleite. Le da autoridad sobre los elementos. Le da poder para sanarse y expulsar sus demonios.

"Para renovar sus energías ellos esperan eso del Señor. Alzar el vuelo con alas de águila, correr y no fatigarse, y caminar sin desfallecer".

Deja que nos demos cuenta de que ese invencible poder está al alcance de todos. "¡Quienquiera que llame en el nombre del Señor, será escuchado!" De esa manera encontraremos la Palabra que une al hombre con su omnipotencia. Esta Inteligencia Suprema va más allá que levantar cada carga y pelear cada batalla.

Todo el poder te es dado para llevar el cielo sobre tu tierra.

SÉ FUERTE, NO TEMAS

No temas. ¡Sé fuerte!; el temor que habita en el ser humano es su único enemigo. ¡Cuando está temeroso se enfrenta a la derrota! Teme perder. Teme a la carencia. Se teme a sí mismo. Teme a las murmuraciones. El temor constante le roba todo su poder, porque ha perdido el contacto con la Casa del Poder Universal. "¿Por qué tenéis miedo, oh, vosotros, faltos fe?" La fe se transforma en miedo. Esta fe se altera. Cuando está temeroso lo primero que sucede es que atrae cosas malas por su miedo: las magnetiza. Está sugestionado porque esta idea incesante lo tiene impresionado.

Daniel no estaba alterado pues sabía que su Dios era más fuerte que los leones, Dios hizo que los leones fueran tan inofensivos como gatitos. Tal como lo hizo Daniel, caminarás entre tus leones tan velozmente como sea posible y lo verás con tus propios ojos. Tal vez, toda tu vida has escapado de algún león en especial. Actuando así has provocado que tu vida sea miserable y tu cabello haya encanecido.

En una ocasión una estilista me contó que conoció a una mujer, cuyo cabello gris recuperó su color natural cuando ésta dejó de preocuparse. Durante una entrevista una mujer me dijo: "No soy muy miedosa, pero me preocupo demasiado". El miedo y las preocupaciones son idénticos y una misma cosa. Las preocupaciones que te acosan se volverán infructuosas si tú no tienes miedo. ¿Por qué tenéis miedo, oh, vosotros, faltos de fe? Yo creo que el miedo predominante es el miedo a las pérdidas. Tal vez se tiene todo lo que la vida nos puede dar, pero se arrastra conocido león de la desconfianza. Oímos que refunfuña: "¡Esto es demasiado bueno para ser verdad! No puede durar". Y si le ponemos atención nos inquietaremos más.

Mucha gente ha perdido lo que más estimaba en la vida. Sin lugar a dudas, esto se debe a que temen la pérdida. La única defensa que pueden utilizar contra esos leones es la palabra. La palabra es una varita mágica, llena de energía y poder. Si sacuden su varita por encima de su león, lo transformarán en un gatito. *No obstante*, el león permanecerá como león a menos que caminen sobre él. Algunos me preguntarán: "¿*Cómo* se hace para caminar entre los leones?" Moisés le dijo a su gente: "¡No tengan miedo, permanezcan tranquilos y sean testigos de la salvación del Señor, el cual este día aleccionará a los egipcios, con quienes ustedes han vivido hasta hoy; los verán por ultima vez y nunca más! El Señor peleará por ustedes y conseguirán su paz". ¡Qué pacto tan extraordinario!

La Inteligencia Infinita sabe cuál es la salida. La Inteligencia Infinita sabe dónde está el suministro para cada solicitud. Pero debemos tener fe, resguardar nuestro equilibrio y hacer nuestro mejor esfuerzo. Existen muchísimas personas que tienen mucho miedo de otras. Evitan situaciones desagradables, e indudablemente la situación va detrás de ellos.

¡Uno de los Salmos más triunfantes es el Salmo 27!: "El Señor es mi luz y mi salvación, ¿a quién he de temer? El Señor es el refugio de mi vida, ¿por quién he de temblar?" También es cadencioso y musical. Quien lo escribió se dio cuenta de que ningún enemigo podía lastimarlo, porque el Señor era su luz y su salvación. No lo olvides, tus únicos enemigos están en tu interior. La Biblia nos menciona algo sobre los pensamientos del enemigo, sus dudas, sus temores, sus rencores, sus odios y corazonadas. ¡Toda situación negativa que haya en tu vida termina por cristalizarse, ha sido creada por tu infructuoso imaginar! No obstante frente a la Luz de la Verdad estas situaciones no pueden sostenerse. Así, afrontando sin miedo la situación, decretamos: "El Señor es mi luz y mi salvación; ¿a quién he de temer?"

Jesucristo fue el más grande metafísico, nos dejó reglas claras para controlar las situaciones por medio de la palabra y el pensamiento. "Tú deberás ser más sabio que mis enemigos." En primer lugar, debes ser más sabio que el ejército extranjero, los pensamientos de tus enemigos. Ante cada pensamiento negativo debes responder con una palabra de autoridad. Por ejemplo, el ejército extranjero cantará: "El negocio está en bancarrota, el dinero escasea". Deberás contestar de inmediato: "Mi suministro proviene de Dios y ahora brota como hongos durante la noche". Los tiempos difíciles no existen en el reino de Dios. Entre tanto deberás mantenerte totalmente alerta, como la canción de *Katy hacía*: "Katy hacía. Katy no hacía" y así sucesivamente. Al final saldrás victorioso, la Verdad predominará y habrás expulsado al ejército extranjero. Sin embargo si bajas la guardia, el ejército enemigo te atacará nuevamente diciendo: "Tú jamás tendrás éxito, no serás apreciado". Responde de inmediato: "Dios me estima, por consiguiente los demás me apreciarán. Nada puede obstaculizar el Plan Divino que me corresponde para alcanzar el éxito". Al final el ejército extranjero se dispersará y saldrá corriendo, dado que no conseguirá llamar tu atención. Habrás expulsado a los enemigos ávidos. Hambrientos de los pensamientos temerosos, pero no conseguirán tu atención ni tus actos de fe. La ferocidad del león proviene de tu miedo, su rugido nace de los temblores de tu corazón. Igual que Daniel, permanece tranquilo y muy pronto escucharás que llegan los ángeles que Dios envía para que te ayuden y acompañen.

La misión de Jesucristo era hacer que las personas

tomaran conciencia. "Tú, que estás dormido, despierta". Los seres humanos se encuentran bajo el influjo del sueño Adámico de los opuestos. Creen que la escasez, la pérdida, el fracaso, el pecado, la enfermedad y la muerte son reales. La Biblia dice que Adán comió el fruto del árbol Maya de la Ilusión y cayó en un sueño profundo. Durante este profundo sueño él imaginó, vanamente, lo bueno y lo malo.

En su libro *Retorno a Matusalén*, Bernard Shaw afirma: "Adán concibió el crimen, el nacimiento, la muerte y todas las condiciones negativas". Esto se debió al avance del pensamiento racional. Evidentemente, Adán simboliza a la Mente Genérica. Durante la etapa del Jardín del Edén, el ser humano actuaba sólo en el superconsciente. Siempre que lo necesitara, cualquier deseo le era dado. Con el desarrollo del pensamiento racional se presentó la caída del ser humano. Pues comenzó a razonar sobre las insuficiencias, las limitaciones y el fracaso. Se *ganó el pan con el sudor de su frente*, en vez de ser provisto por la Divinidad.

El legado de Jesucristo fue traer a las personas de vuelta a la "cuarta dimensión", el Jardín del Edén consciente. En Juan 14 encontramos la recopilación de todas las enseñanzas de Jesús. Las llamó "evangelio," que significa "buenas nuevas". Con una maravillosa sencillez y sin desviarse, le dijo a la gente que si preguntaban y tenían confianza recibirían un milagro; atribuyendo este poder a la compañía constante del Padre. ¡Dios es el Dador, el ser humano el receptor! ¡La Inteligencia Suprema provee a las personas con todo lo que desean y necesitan! ¡Indudablemente, esta fue una doctrina para despertar a la gente! Y demostró lo que decía con prodigios y milagros.

La curación de un hombre que era ciego de nacimiento fue uno de los milagros más conmovedores. Los opositores de Jesús interrogaron a aquel hombre, tratando de encontrar algo para usarlo en su contra. Pero el hombre sólo dijo: "Únicamente sé algo, antes estaba ciego, ahora puedo ver". Esta es una extraordinaria afirmación que pueden utilizar por ustedes mismos: "Antes estaba ciego, ahora puedo ver". Posiblemente están ciegos frente a su bienestar, a las oportunidades, hacia donde los lleva la intuición; pero esa ceguera es aparente, tomando erradamente a los amigos por enemigos. Cuando abran los ojos al bien, sabrán que no existe enemigo alguno, porque Dios utiliza a cada persona y situación para su bien. Los estorbos son amistosos y los obstáculos son guijarros en el camino. Si se es uno con Dios, se es invencible.

Esta es una afirmación muy poderosa: "El Poder Invencible de Dios elimina todo lo que está frente a Él. Yo camino sobre las olas hacia mi Tierra Prometida". Caminando sobre las olas, tomando el rumbo hacia nuestro destino, ajeno a la marea de los pensamientos negativos, que nos harían zozobrar. Nuestros pensamientos y deseos siempre son tomados de algún lugar. Prentiss Mulford afirmó: "El propósito constante, ese enorme deseo, ese anhelo que jamás termina, es una semilla en la mente. ¡Está enraizada en ese lugar, está viva! ¡Jamás deja de crecer! Involucrada en ello hay una Ley maravillosa. Cuando se conoce esta Ley, hay que seguirla y confiar en ella, pues lleva a cada individuo a cosechar poderosos y bellos resultados. ¡Cuando se sigue esta Ley con los ojos abiertos, nos lleva hacia una vida más y más feliz; pero siguiéndola ciegamente, con los ojos cerrados, nos conduce hacia la desgracia!"

Esto quiere decir que el deseo es una gigantesca energía vibratoria y que se debe asimilar adecuadamente. Les doy esta afirmación: "¡Lo que la Inteligencia Infinita desea para mí, yo lo deseo. Exijo lo que me corresponde por Derecho Divino, así como estar en el Camino Perfecto bajo la Gracia!" En ese momento dejaremos de desear cosas malas, y los buenos deseos tomarán su lugar. Nuestros deseos tristes serán contestados amargamente, los deseos ansiosos se realizarán después de mucho tiempo o se cumplirán violentamente. Resulta fundamental no perder de vista este punto. Innumerables circunstancias desdichadas han sido provocadas por la tristeza o por los deseos ansiosos.

Les daré un ejemplo. Conocí a una mujer que se casó con un hombre al cual le gustaba que ella lo acompañara todas las tardes. Salió tarde tras tarde hasta que deseó poder permanecer en casa y leer un libro. Su deseo fue tan fuerte que empezó a florecer, hasta que su esposo se fue con otra mujer. Ella lo perdió a él y a su apoyo; sin embargo ahora tenía suficiente tiempo como para quedarse en su casa y leer un libro. Nada se ha presentado en nuestra vida sin que lo hayamos invitado alguna vez.

Prentiss Mulford también tenía varias ideas interesantes acerca del trabajo. Él decía: "El éxito en cualquier empresa, en el arte, en el comercio o en cualquier profesión, sencillamente hay que mantenerlo siempre fijo en la mente como un objetivo, y entonces analizarlo para hacer que todo esfuerzo canalizado hacia él sea juego o diversión. El tiempo hace el trabajo duro, nosotros prosperamos".

Compruebo que esto es verdad cuando recuerdo lo que viví en el mundo de las artes. En una ocasión vinieron ocho hombres de la Academia de Bellas Artes de Filadelfia; todos eran más o menos de la misma edad, y llegaron a ser artistas distinguidos y exitosos. Fueron conocidos como Los Ocho en el Arte Contemporáneo. Ninguno de ellos fue reconocido alguna vez por trabajar duro. Jamás dibujaron a la antigua; nunca trabajaron en forma académica. Sencillamente se expresaron. Pintaron y dibujaron porque les gustaba o por mero entretenimiento. Solían contar una divertida historia sobre uno de ellos, que había sido un muy conocido artista del paisaje, se le habían otorgado muchas medallas y menciones honoríficas en varias exposiciones. En cierta ocasión, durante una exposición personal en una de las grandes galerías de la ciudad de Nueva York, él estaba sentado leyendo el periódico. Entonces una entusiasta mujer se aproximó rápidamente a él y le dijo: "¡Usted podría decirme cualquier cosa sobre el maravilloso hombre que pintó estos encantadores cuadros!" Y él contestó: "Por supuesto, yo soy el tipo que pintó todas estas condenadas cosas. Las pinto por diversión, y no me interesa si a las personas les gustan o no".

Antes estaba ciego, ahora puedo ver que mi trabajo es adecuado, la expresión perfecta de mí. Antes estaba ciego, ahora puedo ver el Plan Divino de mi vida claramente y diferente. Antes estaba ciego, ahora puedo ver que el Poder de Dios es el único Poder y que el Plan de Dios es el único Plan. El pensamiento todavía pelea con la creencia en la inseguridad. "¡Tú, que estás dormido, despierta!" Dios es nuestra perpetua garantía de mente, cuerpo y actos. "No consiente que nuestro corazón se altere, que ninguno de nosotros tenga miedo". ¡Si tu extenso despertar es bueno, nada te podrá perturbar y atemorizar! En el reino de la realidad no existen las pérdidas, carencias o fracasos siempre que se despierte en la Verdad; la pérdida, la carencia o el fracaso se desvanecerán de tu vida. Todas esa imágenes nacen de tu imaginar vano.

El siguiente ejemplo ilustra de qué manera trabaja la Ley. Cuando visité Londres, hace ya algunos años, compré una maravillosa pluma fuente en Asprey. Era japonesa y se llamaba Pluma Namike. Resultó ser muy cara, incluso al entregármela me dieron una garantía por treinta años. Estaba francamente impresionada, dado que cada verano, en el cinco de agosto para ser precisos, recibía una carta preguntando si la pluma seguía en buen estado; se podía haber pensado que había comprado un caballo. No se trataba de una pluma común y estaba muy orgullosa de ella. La llevaba conmigo todo el tiempo, pero un buen día la perdí. De inmediato comencé a negar la pérdida. Y dije: "No existe la pérdida en la Mente Divina, por esa razón no puedo perder la Pluma Namike. Me será devuelta o tendré su equivalente". En ninguna tienda de la ciudad de Nueva York, que yo supiera, se conseguían esas plumas y Londres estaba muy lejos, pero yo dejé todo en manos de la Mente Divina, era imposible que perdiera la Pluma Namike. Cierto día, mientras viajaba en autobús por la Quinta Avenida, mis ojos vieron, por una fracción de segundo, un símbolo en una tienda. Me pareció que en ese momento estaba de pie afuera en la luz. Y leí: "Tienda de Artesanías Orientales". Jamás había oído hablar de ella, pero tenía una fuerte corazonada, tenía que entrar y preguntar por una Pluma Namike. Me bajé del autobús, fui a la tienda y pregunté. La vendedora me dijo: "Así es, de hecho tenemos un gran surtido y acabamos de bajar su precio a $2.50". Di gracias al Señor y lo alabé. Compré tres plumas, y conté mi experiencia en una de mis pláticas. Muy pronto todas se vendieron, pues la gente se abalanzó para obtenerlas. Indudablemente, esta fue una asombrosa maniobra de la Ley; todo gracias a que estaba completamente atenta a mi bien y porque no dejé que ninguna mala hierba creciera donde mi intuición me indicaba.

El estudiante de la Verdad sabe que debe aplicar el Principio en sus asuntos diarios. "Reconózcanlo bajo todas sus formas y los llevará por sus vías". "En realidad, en verdad les digo que quien cree en mí, y en las obras que realizo, también le serán cumplidas, y además de éstas existen obras más grandes que deben realizarse, porque voy hacia mi Padre". ¡Qué fe tan extraordinaria tenía Jesucristo en el ser humano! Tuvo la visión de la batalla que se aproximaba. El hombre hecho a imagen y semejanza de Dios (imaginación). "Y a quienquiera de ustedes que implore en mi nombre, que lo haga, para que el Padre pueda ser glorificado en el Hijo." Si ustedes solicitan cualquier cosa en mi nombre se las daré. Él les explicó a las personas que este era un sistema de dar y recibir. Dios era el Dador, el hombre el receptor. "¿Tú creerías que no estoy en el Padre y que el Padre no está en mí? Las palabras que pronuncio para ustedes no hablan de mí, pero el Padre es quien vive en mí, Él es el que lleva a cabo las obras." Él les dijo a las personas: "busquen el reino", se refería al reino de las ideas perfectas, donde todas las cosas se les agregarán. ¡Él los despertó!

"Antes estaba ciego, ahora puedo ver, no hay nada que temer y no hay poder que me pueda lastimar. Veo frente a mí, claramente, el camino abierto de la realización. No existe nada que obstruya mi camino".

Tú lograste que Él tuviera el dominio sobre las obras de tus manos, todo fue puesto por ti bajo sus pies (Salmo 8, 6).

LA GLORIA DEL SEÑOR

¿Quién es ese Rey de la Gloria?
El Señor, él es el Rey de la Gloria
Salmo 24, 10

Busqué en el diccionario la palabra gloria, y estaba definida como resplandor, esplendor. "Mis ojos han visto el brillo del Señor", esto es la Ley en acción. No somos capaces de ver a Dios, porque Dios es el Principio, el Poder, la Inteligencia Suprema que habita dentro de nosotros; lo que sí podemos hacer es vernos como lo que somos, las pruebas de Dios. "Los probaré aquí a mi lado —dijo el Señor de la Hostia—, si no, abriré las ventanas del oído, y ustedes derramarán una bendición tan grande, que no habrá lugar lo suficientemente amplio para recibirla." Probamos a Dios, dirigimos su poder y confiando en Él realizamos el trabajo. Tenemos una prueba de Dios, cada vez que recibimos una demostración. Los deseos de tu corazón no se han manifestado, se debe, seguramente, a que lo "planteaste incorrectamente"; es decir, no pronunciaste la "oración adecuada". Recibirán la respuesta en equivalencia a la manera en que fue enviada la solicitud. Por ejemplo: deseos tristes serán contestados con amargura, los deseos ansiosos se aplazarán por mucho tiempo o se cumplirán violentamente.

Digamos que está irritado por las carencias y limitaciones, y por vivir en un entorno pobre. Entonces dirá con gran sentimiento: "¡Deseo vivir en una enorme casa, con un ambiente encantador!" De esa manera, tarde o temprano, acabará siendo el conserje de una gran y bella mansión, pero no tendrá nada de esa riqueza. Esta idea se me ocurrió cuando pasaba frente a la casa y terrenos de Andrés Carnegie en la Quinta Avenida. Parecía que todo estaba cerrado, la puerta y las ventanas estaban tapiadas hasta arriba. Sólo había una ventana abierta en el sótano. En ese lugar era donde vivía el conserje. En realidad era un cuadro muy triste. Así que afirmemos (o deseemos) con alabanzas y dando gracias, para que seamos testigos de la gloria de la Ley en acción.

Toda vida es vibración. Nosotros armonizamos con todo aquello de lo que somos conscientes, es decir armonizamos con lo que vibramos. Si vibras con la injusticia y el odio sin duda los encontrarás, a cada paso, en tu camino. Creerás indudablemente que la vida es dura y que todo está en tu contra. Hermes Trismegisto lo explicó hace varios miles de años: "Si cambian sus sentimientos deberán cambiar sus vibraciones". Pero yo lo vuelvo más poderoso y digo: "Cambia tu mundo y deberán cambiar tus vibraciones". Ténganlo presente en un sitio distinto, en el arranque de su pensamiento, y de inmediato notará la diferencia. Digamos que guardas rencor contra alguien que te ha dicho que no te estima. Pronuncie el siguiente decreto: "Dios me estima, por tal motivo, esa persona me estima, y yo me estimo a mí mismo". Instantáneamente notará algunas manifestaciones en lo externo.

En este momento tú eres un obrero del Señor, tus herramientas son las palabras. Por eso debes estar seguro de que construyes adecuadamente, acorde con el Plan Divino. El juez Thomas Troward dijo: "El ser humano es un distribuidor del Poder de Dios, él no engendra esa energía". En la Epístola a los Hebreos 2, 6 leemos: "¿Qué es el hombre, que te acuerdas de él? ¿O el hijo del hombre, que de él te preocupas? Tú hiciste de él un pequeño todo amor un poco inferior a los ángeles: y lo coronaste con gloria y honor. Tú hiciste que tuviera el dominio sobre las obras de tus manos. Tú has puesto todas las cosas debajo de sus pies". El Señor ha puesto todas las cosas debajo de nuestro entendimiento.

Actualmente estamos en la era del entendimiento. Ninguno de nosotros tiene más fe que los campesinos, pero tenemos la fe del entendimiento. Salomón afirmó: "Junto con todo lo que consigues, consigues entendimiento"; entendamos la forma en que trabaja la Ley Espiritual, para que ese poder se distribuya en nuestro interior positivamente.

La Ley de leyes es hacer para los demás lo que haríamos por nosotros; sin importar lo que sea, aquello que enviemos a otros se nos regresa, lo que hagamos retornará a nosotros. Por ejemplo, aquella mujer que deja de chismorrear, se resguarda de los chismorreos. La gente que critica será criticada todo el tiempo. Esto se debe a que viven en esa vibración. También es común que el reumatismo sea causado por los pensamientos amargos, pues estos crean acidez en la sangre, que es la causa del dolor en las articulaciones. El otro día leí un artículo en el periódico. En ese artículo se decía que un doctor tuvo una experiencia muy rara con una de sus pacientes. Aquella mujer se acaloraba cada vez que su suegra la visitaba. Eso no tiene nada de raro, pero en el momento en que ella se acaloraba (pensemos en todas las ocasiones en que hemos oído a las personas decir que el enojo las quema), le daba una calentura tremenda. No estoy hablando de todas las suegras. Conozco a muchas que son maravillosas, y sólo han traído paz y armonía con ellas. Los problemas en la piel son un indicio de que hay algo debajo de ella. Por ejemplo, irritación o enojo. Una vez más comprobamos que el ser humano es el que, por sí mismo, encauza el Poder de Dios. Si armonizas con ese Poder, todas las cosas estarán bajo tu dominio: "Toda oveja y buey, incluso las bestias del campo. El ave de los aires y el pez del mar, y cualquier cosa que cruce el curso de los mares." ¡Qué cuadro de poder y mando para los seres humanos!

La humanidad tiene autoridad y poder sobre todos los elementos. Debemos ser capaces de "amonestar al viento y las olas". Debemos acabar con la sequía. Leí en el periódico que a las personas de cierta región árida se les pidió que no cantaran para llamar a la lluvia, pues "no volvería a llover jamás". Estas personas, que entendían algo de metafísica, tomaron conciencia del enorme poder de las palabras negativas. Percibieron que tenían que hacer algo para evitar la sequía. Los diluvios y epidemias se pueden detener: "El poder y el dominio sobre todas las cosas creadas le ha sido dado al ser humano". Siempre que conseguimos una manifestación, estamos demostrando nuestro poder y dominio.

¡Para que el Rey de la Gloria llegue, tenemos que elevar nuestra conciencia! Cuando leemos: "Tu cuerpo entero estará lleno de luz, si tu ojo es único", nos sentimos inundados por un resplandor interno. El ojo únicamente piensa en ver el bien, o estar tranquilo frente a lo que es aparentemente malo. Como dijo Jesucristo: "No juzgues por las apariencias: juzga el acto virtuoso (correcto)". Existe una Ley oculta conocida como la indiferencia. Esta Ley era conocida por Jesucristo: "Nada de esto me mueve". Poniéndolo en palabras más modernas diríamos: Nada de esto me perturba. La derrota y el fracaso vendrán debido a nosotros. "Ellos trabajarán en vano construyendo su casa, a menos que el Señor lo haga". La habilidad de imaginar es una facultad creadora y, como resultado de su imaginación retorcida, sus miedos terminarán por manifestarse en el mundo exterior. Gracias al ojo único el ser humano sólo ve la Verdad. Ve a través de la maldad, sabe cómo hacerla a un lado para que la bondad se presente. Transforma la injusticia en justicia y cuando transmite su buena voluntad desarticula a los enemigos aparentes. Ahora, Él regresará por las incontables hostias de Poder, por el ojo único que sólo ve la victoria.

En la mitología encontramos varios pasajes que hablan sobre los Cíclopes, una raza de gigantes, que se decía habían habitado en Sicilia. Estos gigantes tenían en medio de la frente un solo ojo. El sitio preciso donde radica la facultad de imaginar se encuentra en la frente (entre los ojos), así que estos legendarios gigantes nacieron de esta idea. Cuando tiene "el ojo único", usted realmente se transforma en un gigante.

Jesucristo, quien fue el más grande de todos los maestros, afirmó: "El *ahora* es el tiempo adecuado, *hoy* es el día de su salvación". Hace algunos días, vi una película que demostraba la tontería que es tratar de vivir en el pasado. Se llamaba *Bailando en la vida* y era una película francesa. Contaba la historia de una mujer, que a los dieciséis años había asistido a su primer baile. En ese momento era viuda y tenía más o menos treinta y cinco años. Había contraído matrimonio por dinero y jamás había conocido la felicidad. Mientras quemaba unos papeles viejos, encontró un decolorado programa de baile. En él estaban escritos los nombres de los seis muchachos que habían bailado con ella. ¡Cada uno de ellos le había jurado amor eterno! Entonces ella se sentó con el programa entre sus manos y el recuerdo de aquel baile apareció; era una escena maravillosa, los bailarines parecían flotar bajo el influjo de la música de un vals fascinante. La vida de esa mujer estaba vacía en ese momento, por eso decidió recuperar la juventud perdida, y comenzó a averiguar qué había sido de cada uno de aquellos muchachos cuyos nombres estaban en el programa. Un amigo que la acompaña le dice: "No puedes recobrar tu juventud perdida; si tratas de regresar al pasado perderás lo que tienes hoy". Sin hacer caso, comienza la búsqueda, y aunado a ésta, comienzan los desencantos. Uno de esos muchachos ni siquiera la recordaba. Cuando ella le preguntó: "¿No te acuerdas de mí? ¡Soy Cristina!" Él dijo: "¿Cuál Cristina?" Incluso varios de ellos vivían mezquinamente. Finalmente regresa a su pueblo natal, ahí seguía viviendo el quinto hombre. Trabajaba como estilista. Y mientras le hacía un permanente, recordaba con alegría los viejos tiempos. Entonces le dijo: "Me imagino que no se acuerda de su primer baile, fue aquí mismo en este pueblo; esta noche se celebrará un baile en el mismo sitio. Acompáñeme, ¡así podrá recordar los viejos tiempos!" Ella lo acompaña al baile; pero todo le parece trivial y desagradable. Las personas que están en la pista de baile están mal vestidas y carecen de encanto. ¡Ella le pide a la orquesta que toque su vals, el vals de su juventud perdida! Sin embargo, su compañero le dice que a las demás personas no les gustará un vals tan viejo. A pesar de todo, lo tocan. El contraste es muy grande; todos sus ensueños se han esfumado. Se da cuenta de que el baile que recuerda en realidad jamás existió como ella lo había creído. Sólo era una ilusión del pasado. Ella no podía recuperar su pasado.

Se ha afirmado que los dos ladrones que estaban en la Cruz, simbolizan los ladrones del tiempo. Uno hablaba del pasado y el otro del futuro; entonces Jesucristo dijo: "El *ahora* es el tiempo adecuado, hoy tú estarás conmigo en el Paraíso". Un antiguo poema escrito en sánscrito nos dice: "Por eso, miren atentamente en este día. Tal es el saludo de la aurora". Cualquier preocupación y miedo se transforma en ladrón del tiempo.

La Ley oculta de la indiferencia profunda es una de las más difíciles de seguir, ya que contiene el logro de un estado de conciencia, en el cual el mundo externo de sensaciones no influye de ninguna manera en la acción de la mente, y gracias a esto se puede estar en completa comunión con la Mente

Divina. Para la mayoría de las personas su vida es una sucesión interminable de desequilibrios: insuficiencias, pérdidas, limitaciones, suegras, jefes, deudas e infamias. Este mundo es conocido como "valle de lágrimas." Todas las personas están totalmente enredadas en sus propios asuntos, luchando sus batallas y soportando sus cargas. Si alguien juzga a otro basado en las apariencias, la mayor parte del tiempo se encontrará a sí mismo en el banquillo de los acusados. Este banquillo se encuentra en medio de las situaciones adversas y enfrentando a los leones de las carencias y restricciones. "Si tu ojo es malo (si estás imaginando situaciones adversas) todo tu cuerpo se llenará de oscuridad. ¡Así es, tan grande es esa oscuridad que por esa razón la luz que está en ti es negra!" La luz del cuerpo es el ojo interno (o facultad de imaginar); por eso tu ojo es único, tú estarás viendo un solo poder, un plan y un diseñador, tu cuerpo y tus asuntos estarán repletos de Luz. Así, te verás todos los días bañado en la Luz de Cristo. Ese brillo interno es un poder invulnerable y elimina cualquier cosa que no esté contemplada en el Plan Divino. Elimina todas las apariencias de enfermedad, escasez, pérdida o limitación. Elimina las situaciones adversas, o "cualquier arma que se levante en contra suya".

Siempre debemos tener preparada nuestra afirmación, esa Luz que se presenta cuando nuestro ojo es único. Tenemos que aprender a regresar a esa Luz, con la misma certeza con la que retornamos a la luz eléctrica. "Primero busca el reino de Dios y Su virtud, así todas las cosas buenas te llegarán por añadidura." Un antiguo refrán chino dice: "El filósofo deja que el sastre confeccione su abrigo". De la misma manera, permitamos que el Diseñador Divino cree el Plan de nuestra vida y descubriremos que las condiciones son perfectas eternamente.

PAZ Y PROSPERIDAD

"Dentro de tus paredes está la paz y en tus palacios la prosperidad" (Salmo 122, 6-7). Gracias a esta frase nos damos cuenta que la paz y la prosperidad van de la mano. Quienes manifiestan la apariencia de carencias, viven en un estado continuo de miedo y confusión. No están plenamente atentos a su bienestar, pierden el rumbo y sus oportunidades. Una persona pacífica es una persona con una amplia visión. Ve claramente y actúa velozmente. Jamás cae en el engaño.

He sido testigo de cómo personas confundidas e infelices cambian totalmente. Ahora les daré un ejemplo para explicar el funcionamiento de la Ley. Una mujer vino a verme en un degradante estado de tristeza. Se veía despedazada. Dado que lloraba continuamente, sus ojos estaban manchados. Su cara estaba pálida y cansada. El hombre que ella amaba la había abandonado e indudablemente era el ser más desgraciado que haya visto alguna vez. Noté la forma de su cara: ojos grandes, con la mirada lejana y una barbilla afilada. Fui durante varios años artista y adquirí el hábito de observar a las personas desde el punto de vista artístico. Cuando observé a esa criatura abandonada, pensé que su cara tenía la forma de un Botticelli. Frecuentemente veo Rembrandts, sir Joshua Reynolds, etcétera, en personas que encuentro. Pronuncié la palabra adecuada para esta mujer y le obsequié mi libro *El juego de la vida y cómo jugarlo*. Pasadas una o dos semanas, mientras daba un paseo me topé con una mujer. Tenía unos ojos hermosos y se veía muy bonita. Recuerdo que pensé: "Este rostro tiene la forma de un Botticelli". ¡Súbitamente me di cuenta de que era la misma mujer! ¡Se veía feliz y despreocupada! ¿Qué había sucedido? Nuestra plática y la lectura del libro le habían dado paz.

"¡Dentro de tus paredes está la paz!" Las "paredes" representan tu conciencia. Jesucristo le dio mucha importancia a la paz y a la tranquilidad. "Todos los que estén cansados y agobiados por su carga, vengan a mí y les daré alivio". Él se refería al Cristo que hay dentro de ti, tu mente superconsciente, donde no existen las cargas ni batallas. Los miedos, las dudas y las imágenes negativas habitan en el subconsciente. Hace algunos años, cuando regresaba de California, venía en un avión; estando en las alturas me invadió un curioso sentimiento de abandono. En las alturas nos encontramos en paz con nosotros mismos y con el resto del mundo. En las alturas los campos siempre se ven blancos por la cosecha. Únicamente los sentimientos evitan que seguemos nuestra cosecha de éxito, felicidad y abundancia. En la Biblia podemos leer: "Les restituiré los años de cosecha que las langostas han devorado". Bien, ahora podemos parafrasear y decir: "Les restauraré los años de éxito y felicidad que los sentimientos han destruido". Las personas que son tambaleadas por las dudas y temores, atraen el fracaso, la infelicidad y la enfermedad.

Leí en un periódico que, por lo general, las Leyes de la mente son aceptadas y entendidas. Se ha descubierto que el miedo al fracaso es el más grande de todos los miedos, y que al menos un setenta y cinco por ciento de los examinados psicológicamente tienen este temor. Evidentemente, esto también se refiere al fracaso en la salud, en los negocios, en las finanzas, en el amor, en el éxito, etcétera. Otros miedos importantes son: el miedo a la oscuridad, a estar solo, a los animales. Muchas personas tienen miedo a no ser entendidas, mientras que otras temen perder la cordura. Si se tiene miedo constantemente y por un tiempo prolongado, las glándulas se ven afectadas; éste obstruye la digestión y comúnmente está asociado con los síntomas de los padecimientos nerviosos. Los miedos le roban al cuerpo la salud y destruyen la tranquilidad.

El peor enemigo de los seres humanos es el miedo mismo, ya que provoca que sigamos temiendo. La mala fe suele a perturbarlo. Se trata, entonces, de mala fe colocada en donde debería estar la buena. "¿Por qué tienen miedo, oh, ustedes los faltos de fe?" El valeroso, que tiene la mente clara, atrae hacía si todo lo bueno. Cualquier solicitud o deseo está aguardando en su camino. "Antes de que llames te habré contestado."

Ahora, parafraseando las Escrituras supongamos que decimos: "Cualquier cosa que solicites o desees ya está esperándote en tu camino". Frecuentemente una nueva palabra súbitamente cumplirá la realización. Si lo que necesita es información sobre algo, le será dada. Una buena amiga mía amiga contó esta sorprendente actividad de la Ley. Ella estaba traduciendo un antiguo manuscrito italiano que hablaba sobre la vida de un antiguo gobernante persa. No se había escrito ningún libro en inglés sobre el tema. Deseaba saber por qué razón los editores habían pospuesto su publicación. Una tarde mientras comía en un restaurante, ella comenzó a conversar con un hombre que estaba en la misma mesa. Ella le contó sobre del trabajo que hacía y la traducción del antiguo manuscrito italiano. Rápidamente él le dio mucha información: "Tendrá muchas dificultades para lograr que publiquen su libro, **pues las ideas de ese gobernante persa se oponen a las ideas del gobierno actual**". Él era estudiante y **sabía más que** ella sobre el asunto. Así aquel joven **en el restaurante** contestó su pregunta. Usualmente, **esa información** podía conseguirse únicamente en los archivos de alguna biblioteca pública. Dios se manifiesta en lugares insospechados. Sus milagros se realizan. Ella se había inquietado por esa razón, pero cuando estuvo en paz, feliz e indiferente, la información navegó hacia ella sobre un mar en calma.

"¡Oh, Jerusalén! Nuestros pies se mantendrán firmes dentro de tus puertas." Jerusalén simboliza la paz y el fundamento para el entendimiento. De esa manera el entendimiento siempre nos lleva hacia las puertas de la paz. ¿Cómo puede encontrar la paz una persona cuando toda su vida está en conflicto? Pronunciando la palabra correcta. Quizá no pueda controlar sus pensamientos pero puede controlar sus palabras, así poco a poco la palabra vencerá. La mayor parte de las personas han atraído la inarmonía porque han peleado sus propias batallas y aguantado sus cargas. Para que podamos armonizar o arreglar cada situación, debemos aprender a seguir los caminos de Dios. La palabra "armonizar" es excelente; he visto cómo endereza caminos torcidos, y realiza innumerables ajustes que ninguna mente humana hubiera podido concebir. Todo lo que el Reino produce es para ti, otorgado por la Inteligencia Infinita en el camino correcto, porque tiene ya garantizado un suministro abundante para cada solicitud. Pero tiene que haber plena confianza. Si hay dudas o temores, pierdes el contacto con esta Fuerza Suprema. Si eso te sucede será necesario que demuestres con algo tu fe. "La fe sin trabajo (o acción) es la muerte." La fe activa graba en el subconsciente la esperanza y te mantiene contactado con la Inteligencia Infinita. Tal y como Wall Street vigila el mercado de valores, tenemos que vigilar el mercado de nuestra fe. Con mucha frecuencia el mercado de la fe baja. Puede llegar a bajar tanto que se derrumba: se trata de situaciones infelices que podíamos haber evitado. Cuando esto sucede nos damos cuenta que el pensamiento racional, en lugar de la intuición, fue el que nos guió.

Conocía a una mujer que tenía varias pistas concluyentes que le indicaban qué camino debía seguir. Pese a esto, terminó por escuchar lo que la razón le dictaba y una gran desdicha bajó sobre ella. Nuestra guía certera es la Intuición. Practica haciendo caso de los pequeños detalles, posteriormente lo harás para las cosas grandes. Tengo una amiga que es muy intuitiva. En ocasiones me llama por teléfono y me dice: "Tengo una corazonada y te llamé ya que tal vez tú sepas de qué se trata". Sin que falle jamás, en esos momentos tengo alguna tarea para ella.

En verdad estamos viviendo vidas mágicas; guiados, protegidos y proveídos. Todo los miedos desaparecerían para siempre con el establecimiento de este maravilloso sistema que el Universo ha dado a los seres humanos. La humanidad se mantendría firme ante las apariencias desfavorables, sabiendo lo que los primeros hebreos supieron: "El Señor, nuestro Dios, va a la vanguardia y gana todas las batallas".

Esta interesante historia me la contó un amigo. Había un hombre que estaba en el negocio del papel en Kalamazoo, Michigan, y había obsequiado mil ejemplares de mi libro a sus empleados. Él comenzó su negocio con un pequeño capital y dejando a un lado los juicios calculadores y el razonamiento. Ha erigido un negocio de más de doce millones de dólares por escuchar a sus guías y corazonadas. Todos los que trabajan para él tienen algún conocimiento de la Ley metafísica.

Hubo otro hombre que construyó su negocio basándose en la Ley de dar y recibir, y alcanzó un éxito asombroso. Él vino a Filadelfia con poco dinero y compró una revista, una vieja publicación. Su deseo era dar a la gente un gran servicio por un precio muy pequeño. Creyó en la ley de dar. Resultó una de las revistas más populares. Le dio al público lo mejor en forma de historias e ilustraciones y pagó bien por ellas. ¡Entre más dio, más recibió; y muchísimo dinero cayó sobre él! "¡Dentro de tus paredes está la paz y en tus palacios la prosperidad!" La paz y la prosperidad van de la mano. "Los que aman tu ley tienen Gran Paz y nada los dañará." Esta ley es la Ley de la no resistencia. "Supera a la maldad, ve más allá de lo malo con lo bueno." Transforma cualquier fracaso en éxito, la escasez en abundancia, y discordia en armonía.

TU GRAN OPORTUNIDAD

Sólo tienes un juez: tu palabra. Jesucristo afirmó: "Les digo que cada palabra indolente que las personas pronuncian, será tomada en cuenta para el día de su Juicio; por sus palabras serán salvados o condenados".

Todos los días son el día del Juicio. Nosotros intentamos enseñar que esta situación seguirá así hasta el fin del mundo. Si miramos atrás en nuestra vida nos damos cuenta que nuestras palabras han invitado a la felicidad o a la calamidad. El subconsciente no tiene sentido del humor. Las personas suelen bromear negativamente sobre ellos mismos, pero el subconsciente lo toma muy en serio. Mientras están hablando la imagen mental que crean se graba en el subconsciente y termina por materializarse en el exterior. Quien conoce el poder de la palabra hablada suele ser muy cuidadoso durante sus conversaciones. Para saber cuándo se vuelven nulas sus palabras tiene que observar la reacción que provocan. La gente comete sus peores equivocaciones cuando habla llena de furia y con rencor, porque hay tanto odio en sus palabras que terminan por volver. Debido al poder vibratorio de las palabras que usamos, comenzamos a atraer cosas. Alguien que frecuentemente habla de enfermedad, invariablemente atraerá la enfermedad.

Las fuerzas invisibles continuamente están trabajando para los seres humanos, y son ellos mismos quienes están jalando de las cuerdas, aunque no lo sepan. En la Biblia encontramos el siguiente pasaje: "La vida y la muerte están en manos de la lengua". De hecho la mayor parte de la gente habla destructivamente desde el amanecer hasta que anochece. Y es así porque se acostumbraron a no dejar de criticar, juzgar y quejarse de todo, están ansiosos de comentar con todos sobre sus desgracias y qué tan malos son sus familiares. Esas personas terminan por fastidiar a sus amigos y los demás los evitan. Hablan de sus problemas todo el tiempo. ¿Pero si ya conocemos el poder de la palabra, por qué no lo aprovechamos? Sacamos provecho de la radio, el teléfono y los aviones; pero estamos inmersos en la confusión en nuestra plática.

Ahora la ciencia y la religión se unen. La ciencia descubre el poder que hay dentro del átomo; la metafísica enseña el poder que guardan los pensamientos y las palabras. Cuando manejamos las palabras es como si estuviéramos manejando dinamita. ¡Tan sólo piense en el poder que tiene la palabra para curar! Un cambio químico se produce en el cuerpo cuando una palabra es pronunciada.

Una amiga mía se enfermó gravemente. El doctor le diagnosticó bronquitis crónica y estaba a punto de contraer pulmonía. Sus hijas y el doctor estaban todo el tiempo a un lado de su cama, incluso tenía una enfermera particular; sin embargo pasaban los días y ella no mostraba ningún signo de mejoría. Era una estudiante de la Verdad, pero hacía más de un año había asistido a la última reunión, ni siquiera había dado seguimiento a las lecturas. Hasta que una mañana me telefoneó y me dijo: "¡Por favor pronuncia la palabra adecuada y líbrame de esto! Ya no puedo levantarme; no sólo estoy enferma, estoy derrotada. Mis palabras y pensamientos son tan negativos, que mi ánimo anda por los suelos". Gracias a la palabra hablada y su afirmación de la Verdad de inmediato se notó una mejoría. Tenía la firme corazonada de que saldría avante y de que estaría fuera de peligro, siempre que siguiera la Guía Divina. Cuando salió del hospital me llamó e invitó a almorzar al día siguiente. ¿Qué sucedió? Las palabras de la Verdad provocaron un cambio en su mente y, por consiguiente, un cambio químico se había dado en su cuerpo. Si decimos que creemos y jamás titubeamos, podemos decirle a cualquier montaña (obstáculo): "Tú desaparecerás"; y se hundirá en las aguas.

Por medio de sus buenas obras el ser humano libera la energía inagotable que habita dentro de él.

Un hombre sin miedos, que es tranquilo, envía sus buenas obras a los demás y a todas las naciones; sería capaz de enfrentar a las montañas de odio y guerra y decirles: "Ustedes desaparecerán"; y regresarán a su nada original.

El odio y el fanatismo le quitan al ser humano su poder. Sería bueno que en el Metro y las tiendas hubiera letreros que digan: "¡Pon atención a tus pensamientos!" "¡Cuida tus palabras!"

Ahora tenemos que ser cuidadosos en la forma de encauzar esa poderosa energía que hay dentro de nosotros. Debemos encauzarla hacia la salud, las bendiciones y la prosperidad, enviarla en olas de bondad por todo el mundo. ¡Que esa poderosa energía emerja, pero silenciosamente! El pensamiento, que es la energía más poderosa del Universo, no tiene sonido. Tus buenas obras eliminan todos los obstáculos que hay en tu camino y liberan los deseos de tu corazón.

¿En realidad qué te corresponde? La respuesta es: "Todo lo que el Reino provee es tuyo". Cada buen deseo de tu corazón se te ha prometido. En la Biblia, encontramos tres mil promesas, pero esos obsequios únicamente pueden venir a nosotros si creemos en ellos, todo viene *por ti*, no a ti. La vida es vibración. Siente la riqueza y atraerás riqueza. Siente el éxito y el éxito llegará.

Escuché la historia de un jovencito que había nacido en un pequeño pueblo sin oportunidades, sin embargo él siempre pensaba en el éxito; tenía la firme convicción de que llegaría a ser un artista reconocido. Nada podía desalentarlo porque él era el éxito mismo; únicamente pensaba en el éxito; un éxito refulgente. A muy corta edad, abandonó su pueblo natal y se fue a la gran ciudad; para reafirmar su posición, consiguió un trabajo como artista ilustrador en un periódico que se publicaba diariamente, todo esto sin tener experiencia previa. Jamás pasó por su mente algo que le dijera que no lo conseguiría. Asistió a una escuela de arte y de inmediato destacó. Nunca aprendió de una forma académica. Recordaba todo lo que veía. Pocos años después de haber llegado a la ciudad, se convirtió en un artista reconocido. El éxito llegó a él porque siempre veía éxito. "Te daré la tierra que buscas."

A los hijos de Israel se les prometió que toda la tierra que alcanzaran a ver sería suya. La Biblia es un libro metafísico y se comunica con el individuo. Frecuentemente, nos dice a todos nosotros: "Te daré la tierra que buscas". ¿Qué estás visualizando con tu ojo interno? ¿Qué imágenes invitas a tu vida? Se conoce la capacidad de imaginar como las tijeras de la mente. Si tienes pensamientos de fracaso, podrás neutralizarlos con un pensamiento de éxito. Esto suena muy sencillo de hacer, pero cuando la idea del fracaso se ha arraigado profundamente, hay que estar atento todo el tiempo para eliminarla. En esos momentos se necesita pronunciar una poderosa afirmación. El pensamiento no siempre se puede controlar, lo que sí se puede controlar es la palabra, y poco a poco la palabra se graba en el subconsciente y salimos victoriosos.

Si tu mente está sumida en lo negativo sólo toma está afirmación: "¡Contemplo extasiado todo lo que está frente a mí!" Crea la esperanza de algo extraordinario y algo extraordinario vendrá a ti. Fomenta la idea de que los milagros y las maravillas ocurrirán. Cultiva la esperanza del éxito.

Son pocas las personas que traen a su vida lo adecuado. Viven en los márgenes de los deseos de su corazón. Siempre les parece que todo es demasiado bueno para ser verdad. Para quienes están despiertos espiritualmente nada es demasiado bueno para ser verdad.

Si lo que quiere es escuchar a las personas que todavía están sumidas en el sueño Adámico, vaya a un salón de belleza. El sueño Adámico es la aparente existencia de los opuestos. Adán cayó en un profundo sueño después de haber comido el fruto del árbol de la Maya de la Ilusión. Evidentemente, Adán representa al hombre genérico; la batalla del hombre. La inútil contienda del hombre imaginando pérdidas, escasez, fracasos, pecado, enfermedad y muerte. El despertar del hombre sólo puede ser por un poder, Dios, y una condición, el bien. Pero volviendo al salón de belleza. Lo que voy a contar a continuación es una cita exacta y un excelente ejemplo de lo que uno suele escuchar por ahí. Una mujer que se sentó a mi lado dijo con voz fuerte: "¡Aquí hace demasiado calor! Enciendan el ventilador o abran las ventanas". Una de las empleadas le preguntó: "¿Cómo se siente hoy, señora S?" Y, suspirando profundamente, ella le dijo: "Oh, estoy bien, pero tengo que cuidarme del mal tiempo". A lo que la manicurista contestó, "¿Por qué no usa lentes?" Aquella mujer respondió: "¡No necesito lentes, por qué debo usarlos!" Entonces la manicurista le contestó: "Porque todo el mundo los usa. Si se hace un examen descubrirá que hay algo malo en sus ojos". Cuando finalmente todo termina le parece apático y se pregunta si ellos realmente tenían razón o sólo lo aparentan. Y se encuentra en un camino de desconfianza y oscuridad. Esto es un ejemplo de lo que podemos escuchar por ahí; la manera en que la mayoría de las personas hablan. Resulta terrible ver esto cuando uno entiende el verdadero poder de la palabra, pues se puede ver lo que ellos están atrayendo para sí mismos y para quienes los rodean, hablando de enfermedades y cirujías.

Vuélvete uno con aquello que sientas que no describe nada negativo para combinarte con ello.

¿Qué te corresponde realmente? Aquellas bendiciones que te reconfortan por lo que dicen o las palabras silenciosas; las cosas que ves con tu ojo interno. Solamente tus dudas, miedos y odios alejan lo bueno de ti. Si odias o estás enojado por algo, sin pensarlo has amarrado esa cosa a ti; por lo que atraerás más miedo y enojo. Por ejemplo, una persona te ha tratado injustamente y te has llenado de cólera y rencor. Además no te sientes capaz de perdonar a esa persona. Así pasará el tiempo y te sucederá lo mismo con alguien más. Esto es así porque en tu subconsciente está grabada una imagen de injusticia. Y la misma historia se repetirá una y otra vez hasta que tu pensamiento sea maldecido con la desgracia y la infamia. Sólo existe una forma de contrarrestarlo. Permanece totalmente tranquilo frente a la injusticia y envía tus buenas obras a todos los involucrados. "Mis buenas obras son una poderosa fortificación rodeándome. Ahora convierto a todos mis enemigos en amigos, todo lo negativo en concordia, toda injusticia en justicia". Te sorprenderás de la forma en que trabaja la Ley. Con ayuda de esta declaración un estudiante llevó armonía al caos que reinaba en sus negocios.

Convierte en polvo a los tiempos difíciles, no mires hacia atrás o te encontrarás nuevamente bajo esas condiciones. Da las gracias por el amanecer de un nuevo día. Debes permanecer inmune ante todo desánimo y situación adversa.

Todo lo que quieras o necesites se encuentra en tu camino, pero tu despertar debe real para que se manifieste tu bienestar. Después de pronunciar las afirmaciones de la Verdad, súbitamente tendrás una fugaz manifestación. De repente te sentirás en un nuevo ambiente. Sentirás que todas las condiciones negativas que hubo en el pasado desaparecen. En cierta ocasión le dije a una mujer: "En este momento las murallas de la carencia y tardanza se derrumban a lo lejos, y entrarás a tu tierra prometida, por la gracia". Ella me dijo que, de repente, tuvo la imagen fugaz de una pared que se derrumbaba en la lejanía y que caminaba sobre ella. Tiempo después de esto, el cambio que necesitaba se presentó y, realmente, entró en su Tierra Prometida de Abundancia.

Conocí a una mujer cuya hija anhelaba tener un hogar y un esposo. En la época en que era adolescente, la hija había sufrido una decepción cuando se vino abajo una propuesta matrimonial. Debido al miedo y la desconfianza cuando un potencial compromiso se presentó en su vida, la muchacha se puso frenética, se imaginaba vívidamente otra desilusión. Su madre vino a verme para que pronunciara la palabra adecuada encaminada a ese matrimonio, el cual al ser planeado Divinamente no podía fracasar. Durante la entrevista la madre la llamaba insistentemente: "¡Pobre Nelly! ¡Pobre Nelly!" Entonces le dije: "Deje de llamar a su hija 'pobre Nelly'. Ayúdela a desmagnetizarse. Llámela 'Nelly afortunada' o 'Dichosa Nelly', ya que debe tener fe en que Dios cumplirá los deseos de su corazón". La madre y la hija no dejaron de pronunciar sus afirmaciones. Ahora ella es la señora Nelly, su Plan Divino se ha cumplido y el demonio del miedo desapareció para siempre.

En la Biblia encontramos afirmaciones maravillosas que sirven para neutralizar las formas de pensamientos negativos: "El poder del Espíritu es fuerte incluso para derribar murallas". La mente humana está indefensa para enfrentarse a esos pensamientos negativos. Estando con Dios, la mente superconsciente, la victoria es nuestra.

"Por lo demás, hermanos, todo cuanto hay de verdadero, de noble, de justo, de puro, de amable, de honorable, todo cuanto sea virtud y cosa digna de elogio, todo eso tenedlo en cuenta" (Filipenses 4, 8).

Si la gente hiciera caso de esto, harían una pequeña pausa durante sus pláticas, hasta que aprendieran a hablar sobre cosas favorables.

NO PREOCUPARSE POR NADA

Gracias al conocimiento de la Biblia sabemos que no debes estar preocupado o temeroso, acumular o atesorar cosas, porque un poder imbatible e invisible se encuentra en las afirmaciones que los seres humanos pronuncian para proveer cada necesidad. No obstante, es necesario decirte que la palabra no actuará a menos que creas en Él. "Si comienzas a creer en el Poder de Dios, entonces todas las cosas serán posibles". Resulta difícil para los seres humanos creer en este poder, porque han tenido una educación total en desconfianza. Se supone que la cumbre de la sabiduría es la frase: "Sólo creeré en lo que puedo ver". Vivimos en un mundo superficial, donde se cree que todo "simplemente sucede". No acabamos de entender que lo contrario a todo lo que sucede sin razón es que todo tiene una causa, que somos nosotros mismos quienes accionamos la maquinaria que origina lo bueno o lo malo en nuestro entorno.

No somos conscientes de que esas palabras y pensamientos son como una carga de dinamita, y que deben manejarse con mucho cuidado, con sabiduría y entendimiento. Arrojemos hacia fuera, al éter, las palabras de ira, rencor e incluso la lástima, después de eso podremos preguntarnos por qué la vida es tan dura.

Evitemos jugar con la fe; tengamos plena confianza en el Poder Invencible de Dios y "no estemos ansiosos por nada"; pero "en todo apoyémonos en la oración y la gratitud, que permiten que nuestras demandas lleguen hasta Dios". ¿Acaso hay algo que sea más sencillo o efectivo? La ansiedad y la rutina se han convertido en hábitos. En el subconsciente se han cimentado viejas formas de pensamiento que persisten como percebes adheridos al casco de un barco. Así como ese barco se coloca en un dique seco de vez en cuando para arrancarle los percebes, así tus percebes mentales deberán ser eliminados. El dique seco representa una maravillosa oportunidad.

Conocí a una mujer que toda su vida había tenido miedo, sobre todo en lo referente a las finanzas. Todo el tiempo estaba preocupada por el dinero. Pero se acercó a la Verdad, y se dio cuenta de cómo se había limitado; de repente inició un gran cambio en su fe. Dejó de confiar en lo aparente y empezó a confiar en Dios, para su abastecimiento. Escuchó sus corazonadas, en lo referente a su gasto. Si alguna de sus prendas de vestir hacía que se sintiera pobre, inmediatamente se deshacía de ella y conseguía algo nuevo para sentirse opulenta. Aunque tenía poco dinero, daba unas monedas (un diezmo) para buenas obras. Ella misma se rodeaba con nuevas vibraciones. En poco tiempo, las cosas comenzaron a cambiar a su alrededor. Una conocida, vieja amiga de su familia, y que no le debía nada le dio mil dólares. Unos meses después, le llegaron otros mil. De esa manera una gran puerta de abastecimiento se abrió para ella y entraron muchos miles más. Había encontrado su suministro invisible del Banco Universal. Había buscado a Dios sólo por su suministro, y entonces los canales se abrieron. Lo importante es que había desechado toda preocupación sobre el tema dinero. Logró establecer en su subconsciente la total seguridad de que su abastecimiento provenía de Dios, y jamás le faltaría nada.

El ser humano es el instrumento por medio del cual la Inteligencia Infinita actúa. En él se manifestará como éxito, felicidad, prosperidad, salud y su propia perfección, a menos que el miedo y la ansiedad provoquen un corto circuito.

¡Ve al circo si necesitas ejemplos de fe valerosa! La gente que trabaja ahí realiza actos que, aparentemente, son imposibles porque creemos que lo son, y sin embargo somos testigos de cómo lo logran. La fe implica que puedas visualizarte recibiendo todo lo que deseas. "Te daré la tierra que alcances a ver."

Jamás podrás hacer una cosa en la cual no te sientas a ti mismo haciéndola, ni ocuparás un sitio en el cual no te visualices ocupándolo. Yendo más lejos puedo decir que ni siquiera es suficiente visualizarlo o hacer una imagen mental (este es un proceso mental y frecuentemente da resultados insuficientes y limitados); debe ser una realización espiritual, un sentimiento en su vibración que ya está presente, que es totalmente real.

Quedé muy impresionada con la historia de un gran deportista, que fue el atleta más grande de todo el mundo, y que entrenaba en una hamaca. Según supe cierto día, él se encontraba recostado en su hamaca, adormecido por el sol, entonces apareció su entrenador y apunto de derramar las lágrimas le dijo: "Jim, por el amor de Mike y tu país, levántate, sal fuera de esa hamaca y has algo". Jim abriendo un ojo le contestó: "Precisamente estaba pensando en eso, incluso iba a mandar a buscarlo". "De acuerdo —dijo el entrenador—. ¿Qué es lo que quieres que haga?". "En primer lugar —le dijo Jim—, quiero que dibuje, a partir de aquí, una marca a veinticinco pies en la tierra". El entrenador lo hizo así. "¿Y después qué?", le preguntó el entrenador. "Eso es todo" le dijo Jim; y cerrando sus ojos, se volteó despreocupado. Pasaron por lo menos cinco minutos y el atleta abrió los ojos y miró las marcas durante unos cuantos segundos y entonces volvió a cerrar los ojos. "¿Cuál es la idea? —le gritó el entrenador—. ¿Qué es lo que haces?" Jim lo miró con reproche y contestó: "Estoy practicando el salto de longitud". Él hacía todo su entrenamiento en una hamaca: viéndose a sí mismo realizando el salto de longitud.

Sin la imaginación las personas padecen penurias y limitaciones. Podrás trabajar con mucho ahínco en lo externo y a pesar de eso no conseguir nada si no tienes visión. La visión significa que ves claramente la dirección que quieres tomar. Fija tu mirada en la meta. Todas las personas que han logrado hacer grandes cosas lo han hecho así.

James J. Hill, quien extendió la línea del Gran Ferrocarril del Norte, afirmó que antes de que un durmiente fuera colocado, escuchaba en su oído interno el rugir de los trenes y el sonido de las máquinas trabajando. Había muchos obstáculos que superar, pero su visión era clara, y estaba muy arraigada en él. Además tenía algo a su favor: su esposa tenía fe en él. Decía que para hacer un sueño realidad se necesitaban dos.

Cuando Henry Ford hablaba de su suegra decía que ella había sido una buena mujer: "Ella creyó en mí".

"En el momento en que dos de ustedes se pongan de acuerdo, se logrará." Otros creerán en ti, si tú crees en ti mismo. El Poder de Dios se encuentra a tu lado cuando crees en ti, gracias a eso el miedo y la preocupación son arrojados muy lejos. Armoniza con la vibración de la confianza. Esta es la máxima de una persona intuitiva. Cada acto es realizado bajo la guía Divina y una "corazonada" nunca se equivoca, por eso siempre aparece en el lugar correcto y en el momento preciso. A pesar de esto, frecuentemente se necesita de mucho valor para seguir un presentimiento. Tomemos como ejemplo a un vikingo, quien valerosamente navegó por mares desconocidos. Claude Bragdon dice: "Vivir intuitivamente es vivir en la cuarta dimensión". El camino mágico llevó fuera de las tierras de Egipto a los hijos de Israel, fuera de la casa de la esclavitud. Este tema es muy importante.

Jamás comente una corazonada con alguien que siempre usa la razón. Solamente con los que tienen oídos para escuchar, permíteles conocer a dónde te lleva, o los puede llevar, y enséñales la obediencia inmediata.

"Cualquier cosa que necesites de Dios, Él te la dará." Esto es real para cada quien. Pero si no hemos recibido las bendiciones de la vida, se debe a que no hemos pronunciado nuestras afirmaciones o no tenemos "las palabras adecuadas". La Biblia enseña la Ley espiritual; debemos conocerla y utilizarla en cada momento para accionar la maquinaria de las afirmaciones y las manifestaciones en acción. Cada una de las máquinas deberá ser afinada y engrasada para mantenerla en perfectas condiciones. La fe activa y la esperanza sustentan a la máquina de la palabra para que funcione adecuadamente. Estas afirmaciones la mantienen bien engrasada y trabajando: "Cuando rezo, sé que ya lo tengo", "no debes estar preocupado por nada", "permanezco tranquilo y contemplo la salvación del Señor", "no restrinjo al Santo de Israel". Actuar es manifestación.

Cuando rece, hágalo lleno de alabanzas y gratitud. Mucha gente reza llena de odio y enojo. El otro día una mujer me escribió diciéndome: "Acabo de tener una excelente charla con Dios y sólo le dije lo que debo hacer sobre Él". Ella tenía la costumbre de mandar a las personas que estuvieran cerca de Él y mirar a Dios como si se tratara de alguien a quien podría intimidar para que hiciera algo por ella. Dios es la Inteligencia Suprema, se encuentra en nuestro interior y somos los canales por los cuales Él se expresa a sí mismo. No debemos resistirnos a sus designios, mantenernos en armonía, tranquilos, y esperar que nuestro bien se presente. Dios es el Dador, nosotros somos los receptores, Él debe abrir los canales. Podemos ver que realmente hay una técnica adecuada para rezar. Dios sabe cuál es el camino correcto, su camino, no nuestro camino. Desde que haces tu solicitud, la Inteligencia Infinita ya sabe cómo cumplirla. Si decides la forma en que tu oración será contestada, habrás bloqueado el canal diseñado divinamente para ese propósito. Por eso sueles decir: "Mis oraciones jamás son atendidas". Debemos aprender una técnica y enviar nuestra oración que es sincero deseo. Nos libramos de toda preocupación o engaño cuando decimos: "Si esto es parte del Plan Divino lo aceptaré, si no es así, recibiré equivalente de una manera perfecta, por la gracia". Tenemos que ser muy cuidadosos para no imponer algo que no esté contemplado divinamente.

Debemos ser conscientes de que mientras estemos unidos con el Poder de Dios, nada puede vencernos. "Los caminos de Dios son insospechados, sus métodos seguros."

Los Salmos 23 y 121 son dos de los más extraordinarios. Ambos provocan un sentimiento de total seguridad a quien los lee; fueron escritos por alguien que había experimentado el funcionamiento de la Ley espiritual.

Dios, que está en nuestro interior, nos protege, guía y provee cuando le tenemos absoluta confianza. La mayor parte de la gente permite que ese amor desaparezca por el miedo a la pérdida; toman innumerables precauciones en lo externo, pero no confían en el amparo de "El ojo que vigila a Israel". Pon bajo el resguardo la Ley de la Protección Divina cualquier cosa que ames.

Lo más importante para que tengas una demostración es tener fe sin temor. "¡Me presentaré frente a ti y enderezaré los caminos torcidos! Forzaré la entrada, haré pedazos las rejas de metal y separaré las barras de hierro". La Biblia habla sobre estados de conciencia. Las "rejas de metal" y "las barras de hierro" simbolizan las dudas, los miedos, el odio y las preocupaciones; además, son fruto de nuestra imaginación y vienen de nuestro pensamiento superficial, de creer en lo malo. Conozco una historia sobre una manada de elefantes salvajes que fue acorralada en un cercado, los hombres que los atraparon no tenían ninguna forma de mantenerlos ahí, por eso clavaron algunas estacas y pusieron una cuerda rodeando el cercado. Los elefantes creían que no podían salir. Hubieran podido pasar sobre la cuerda y escapar con mucha facilidad, pero tenían la "ilusión" de que la cuerda los confinaba. Lo mismo sucede con las personas: las dudas y los miedos son como una cuerda rodeando sus conciencias. Les parece que caminar hacia fuera, a un claro pensar, es imposible.

Para los seres humanos tener una visión clara es como tener una brújula: pues así saben a dónde van. Deja que tu intuición sea tu brújula para que siempre salgas fuera del bosque. Del mismo modo, una persona sin brújula, pero que escucha a su intuición, encontrará el camino que lo sacará de la selva, incluso será capaz de dirigir un buque en el mar. La intuición le dirá cómo pasar sobre la soga. Resulta asombroso ver cómo las personas han ignorado la habilidad más importante: la intuición. En el camino de los seres humanos siempre hay un guía o enviado. Frecuentemente los guías nos parecen tontos e insignificantes. Alguien que se encuentre totalmente inmerso en el plano material (de la razón), los ignoraría en el acto, pero el estudiante de la Verdad siempre tiene su oído atento al espiritual, él sabe que está recibiendo órdenes desde el Infinito. La Biblia menciona frecuentemente a "la pequeña voz silenciosa". Esta voz no es real, aunque a veces se registran palabras reales en el oído interno.

Cuando solicitamos que nos guíen y hacemos a un lado la voz de la razón estamos invocando sutilmente al abastecimiento Universal de todo el conocimiento; cualquier cosa resulta fundamental para saber de qué forma se revelará. Algunas personas nacen naturalmente intuitivas y siempre están en contacto con la Inteligencia Universal, pero sólo tomando una afirmación podemos contactar al superconsciente. La oración es como una llamada telefónica a Dios, y la intuición es Dios llamándote a ti. Muchas personas tienen su "línea ocupada" cuando Dios los llama y no reciben su mensaje. Cuando estás deprimido, furioso o resentido tu línea está "ocupada". Has escuchado alguna vez la expresión: "Estaba tan furioso que no veía nada". Podemos agregar: "Estaba tan furioso que no oía nada". Los sentimientos negativos sofocan la voz de la intuición.

Cuando estés deprimido, molesto o resentido, pronuncia una afirmación de Verdad, eso te ayudará a salir del bosque de la desesperación y restricción, porque: "¡Quien rece en nombre del Señor, encontrará la libertad!" La salida existe: "Muéstrame el camino".

Debemos dejar que la Inteligencia Infinita solucione nuestro problema a su manera, para lograr eso hay que dejar de planear, diseñar y hacer proyectos. El Poder de Dios es sutil, callado e invencible. ¡Aplana montañas, rellena valles y no sabe lo que es la derrota! Lo que nos corresponde es disponernos para recibir sus bendiciones y seguir a donde nuestra intuición nos guíe.

Ahora, la Inteligencia Infinita tiene el derecho de paso.

SIN MIEDO

«¿Por qué tienen miedo, oh, ustedes faltos de fe?"

Basándonos en lo que leemos en la Biblia podemos decirte que no tienes nada de que preocuparte. El único enemigo de la raza humana es el miedo. El miedo es fe puesta al revés. Jesucristo dijo: "¿Por qué tienen miedo, oh, ustedes faltos de fe?" Si tienes la suficiente fe, todo será posible. Unidos con el Poder de Dios, los seres humanos son invencibles. La historia de Josafat es la historia de alguien que frecuentemente se vio superado en número por circunstancias desfavorables, pero que supo escuchar la voz misma del Infinito que le dijo: "No tengas miedo o te desalientes por culpa de este gran ejército, no estás solo para enfrentar esta batalla, Dios te acompaña". Tanto a Josafat como a su ejército se les dijo que no era necesario que combatieran. "Detente y permanece tranquilo, sé testigo de la salvación del Señor"; Dios acompañó a los suyos para la batalla. Antes de partir, Josafat le ordenó a su ejército que entonaran sus cantos al Señor para exaltar la belleza de su santidad, diciendo: "Alabemos al Señor, su misericordia será eterna". Cuando llegaron hasta la atalaya en el desierto, observaron al ejército enemigo y descubrieron que estaban muertos. El enemigo se había destruido a sí mismo. No quedaba nadie con quién luchar. La Biblia habla sobre estados de conciencia. Los enemigos son tus dudas y miedos, tus críticas y odios. Todo pensamiento inarmónico es un enemigo. Te verás superado en número por las circunstancias desfavorables, pero no tengas miedo o te desalientes por culpa de este "gran ejército"; no estás solo en la batalla, Dios te acompaña.

Si leemos con atención la historia de Josafat, lo vemos avanzando, pronunciando una afirmación: "Alabemos al Señor, su misericordia será eterna". No tenía palabras que decir al enemigo o sobre su propia debilidad. Estaba completamente atento al Señor, y cuando comenzó a cantar y alabarlo tendió la red sobre sus enemigos y ellos fueron vencidos. Cuando pronuncias tus afirmaciones de Verdad los pensamientos del enemigo son rechazados, se esfuman y dispersan, por eso todas las situaciones adversas desaparecen. Cuando Josafat y su ejército llegaron hasta la atalaya en el desierto, se dieron cuenta que todo el ejército estaba muerto. La atalaya en el desierto simboliza el estado elevado de tu conciencia, tu fe sin temor, tu lugar seguro. Permaneces allí por encima de todas las situaciones desfavorables, y junto con Dios obtienes la victoria.

"Cuando Josafat y su ejército se aproximaron para tomar los despojos del enemigo, encontraron riquezas y piedras preciosas, pero eran tantas riquezas que no podrían llevarlas todas, así permanecieron tres días recogiendo los despojos, era demasiado". Esto quiere decir que cuando permitas que Dios gane la batalla por ti, de cada situación desfavorable emergerán incontables bendiciones. "Por ti, Dios transformará las maldiciones en bendiciones, porque el Señor, tu Dios, te ama". El ingenio del Espíritu es maravilloso. La Inteligencia Infinita y no tolera ninguna interferencia en sus planes. Para la persona promedio resulta muy difícil "permanecer tranquila", pues significa mantener su equilibrio, y permitir que la Inteligencia Infinita tome el control de la situación. Normalmente actúan como los soldados lanzándose a la batalla e intentando manejar sus asuntos, pero esa actitud sólo les traerá derrota y frustración. "No necesitarás pelear esta batalla; detente y permanece tranquilo, sé testigo de la salvación del Señor en ti. Mañana irás de nuevo contra ellos, pero el Señor te acompañará". Eso significa que no debes evitar enfrentarte a las situaciones, camina sin miedo y encara al león que está en tu sendero, así el león volverá a ser nada. El león toma su ferocidad de tus miedos. Un gran poeta dijo: "En el valor tenemos genio, magia y poder".

Daniel era valiente, por eso las fauces de los leones pudieron ser cerradas. Mientras Daniel todavía estaba en el cubil de los leones, el Rey Darío lo llamó y le preguntó si Dios era capaz de salvarlo de los leones, Daniel le respondió: "¡Oh Rey que vives eternamente! Mi Dios ha enviado a sus ángeles y ellos han cerrado las fauces de los leones para que no puedan hacerme daño". En este relato encontramos un ejemplo del dominio sobre la actitud de los leones, como resultado del poder Espiritual; todos los leones cambiaron su ferocidad por la mansedumbre, y Daniel se mantuvo lejos de las bestias gracias a la Luz y el Poderío del Espíritu, que lo resguardaron plenamente de los leones. Difícilmente pasa un solo día sin que algún león aparezca en nuestro camino: los leones de las carencias, restricciones, miedos, injusticias, enojos o resentimientos. Pasemos sobre la situación que nos está asustando de inmediato. Si escapamos de ella, la tendremos pisándonos los talones por siempre.

Mucha gente pierde las cosas que más aman o aprecian porque todo el tiempo tienen miedo de perderlas. Hacen todo lo que pueden en el mundo material para garantizar su protección, pero todo se les devuelve en una devastadora imagen de miedo. Para conservar las cosas que aprecia y ama, debe entender que están protegidas por la Divinidad, por esa razón nada puede pasarles. Les voy a dar el ejemplo de una mujer que estaba muy interesada en un hombre muy apuesto y popular entre las mujeres. Decidió hacer todo lo posible para que él no se encontrara con cierta mujer porque estaba convencida de que ella intentaría, por todos los medios, "atraparlo", como dice la expresión popular. Una tarde que fue al teatro, se encontró con que él estaba con aquella mujer. Se habían encontrado en una fiesta. Sus miedos habían materializado la situación. Conocí a una mujer que tenía siete niños. Ella logró entender que todo está protegido Divinamente y que ellos crecerían libres de amenazas. Un buen día un vecino se presentó en su casa muy preocupado y le dijo: "Sería mejor que llamara a sus hijos, están subiendo y bajando de los árboles, ¡se van a hacer daño!" Mi amiga le respondió: "Está bien, sólo juegan a esconderse en el árbol. No se preocupe y nada les pasará". Así como lo hizo Daniel, ella modificó la situación y dejó que Dios los cuidara.

Una persona normal está resentida, se opone a todo o se preocupa de todo. Le toma antipatía a las personas que saben y a las que no saben. Se resisten a todo desde que amanece. Se entristecen de todo lo que hacen y de lo que no hacen. Estar con esas personas es muy cansado. Terminan por cansar a todos sus amigos. Son así porque no viven en el maravilloso *ahora* y pierden todas sus oportunidades en el juego de la vida.

El Paraíso en la Tierra es vivir sin miedo, vivir en el *ahora* plenamente; esto es, no dudar en utilizar lo que tenemos, saber que detrás de nosotros se encuentra la esfera de la abundancia atrayéndonos. Lo mejor es que sabemos que la fe activa y la palabra hablada liberan ese suministro. El poder de la palabra hablada fue conocido, desde hace miles de años, en Egipto.

En la Biblia encontramos lo siguiente: "¡Contemplen todas las cosas nuevas que he hecho!" Por medio de las palabras de Verdad seremos capaces de renovar nuestras mentes, cuerpos y asuntos. Cuando eliminamos todo temor vivimos vidas mágicas. Así como Josafat, vamos avanzando sin miedo cantando: "Alabemos al Señor, su misericordia será eterna". En nuestra atalaya, conciencia elevada, permanecemos tranquilos y contemplamos la salvación del Señor.

La cristiandad se basa en la fe. La fe nos da una convicción firme para actuar honradamente. Aunque uno esté rodeado por circunstancias desfavorables, esta firme convicción se graba en la mente subconsciente, y se abre un canal para que la manifestación de la salud, la riqueza y la felicidad se presenten. Para cada ser humano existe un suministro eterno. "Antes de que llamemos se nos responderá." Este suministro está aguardando que lo liberemos por medio de nuestra fe y de la palabra hablada. Leemos que Jesucristo lo enseñó como una ciencia exacta.

Durante la Feria Mundial se colocó en el Edificio Edison una panorámica de la ciudad de Nueva York. En el atardecer, cuando la ciudad se iba iluminando y los edificios mostraban una infinidad de luces, el hombre que explicaba la muestra nos dijo: "La ciudad es iluminada gracias al poder de la electricidad, con tan sólo presionar un interruptor, con el giro de una mano". Edison fue un hombre que tuvo mucha fe en las Leyes de la electricidad. Supo lo que se podía hacer con ella si se producía y dirigía adecuadamente. Parecía tener inteligencia propia. Después de muchos años de paciencia y amorosa dedicación a su trabajo, inventó un bulbo que fuera útil. Ahora ese poder ilumina al mundo, porque él supo cómo aprovecharlo y dirigirlo.

Jesucristo le enseñó a los seres humanos a encauzar y aprovechar su pensamiento. Él sabía que el miedo era tan peligroso como la energía eléctrica fuera de control. Las palabras y los pensamientos se deben manejar con sabiduría y cuidado. La imaginación es el taller del hombre, y una idea que ande sin control, crea una imagen de miedo, y es casi tan segura como montar un caballo salvaje.

Desde que nacemos y hasta que llegamos a la edad adulta cargamos con la duda y el miedo. Decimos que la era de los milagros ya pasó y esperamos que suceda lo peor. Alguien que es optimista se ríe de esta idea. En la actualidad un comentario iluminador es: "Un pesimista es alguien que vive con un optimista", "Primero cómete las manzanas con manchas"; estos pensamientos supuestamente son de "sabiduría elevada". La gente parece no darse cuenta que siguiendo estos consejos jamás alcanzarán las manzanas buenas; para ellos, estarán demasiado manchadas por el tiempo que estuvieron fuera de su alcance.

El mundo sería más hermoso si toda preocupación y miedo desaparecieran. Esos hermanos, la preocupación y el miedo han hecho trabajar a las personas como esclavos, destruyen la salud, borran riquezas y estropean la felicidad. Sólo existe una forma de librarse del miedo, y es transformándolo en fe; lo opuesto al miedo es la fe. "¿Por qué tienen miedo, oh, ustedes faltos de fe?" Desde hace siglos estas palabras resuenan. Jesucristo les enseñó a los seres humanos que mientras estuvieran en el Padre, podían contar plenamente con su guía, protección y suministro, siempre que lo crean posible. Jesucristo usó el Poder de Dios una y otra vez para convencer a sus partidarios. Gracias al suministro invisible pudo llevar los panes y los peces, levantó a los muertos y tomó las monedas de las bocas de los peces. Y afirmó: "Por donde yo vaya sucederán grandes cosas".

Sabemos que enseñó la ciencia de la mente, que es una ciencia exacta, así como el poder del pensamiento y de la palabra. Nos dijo que debemos tener fe, porque la fe graba las ideas en la mente subconsciente. Cuando una idea se graba por vez primera en el subconsciente, tiene que ser objetiva. Este es el motivo por el que Jesucristo les dijo a esas personas que si creían (que es tener fe), todo sería posible.

¿Cómo podemos eliminar las preocupaciones, también conocidas como "anti-fe"? La única manera de contrarrestarlas es pasando por encima de las cosas que te están asustando.

Hubo un hombre que había perdido todo su dinero. Vivía en un cuarto miserable y todas las personas que lo rodeaban también eran muy pobres; tenía muchísimo miedo de gastar el poco dinero que le quedaba. Todo su capital sumaba más o menos cinco dólares. Había intentado conseguir algún trabajo pero siempre que lo conseguía, lo perdía. Un buen día despertó vislumbrando una vida de carencias y decepción, pero entonces tuvo una idea (o corazonada): asistiría a una exhibición de caballos. Tomó todo lo que tenía y se despidió con la idea de rodearse nuevamente de personas ricas y exitosas, pues ya estaba hastiado de su ambiente de carencia. Sin ningún miedo gastó todo su dinero en un boleto para la Exhibición Ecuestre. "Casualmente" encontró a un viejo amigo, quien le dijo: "¡Hola, Jim! ¿Dónde te habías metido todo este tiempo?" Antes de que el evento acabara, su viejo amigo le había dado un puesto muy alto en su empresa. Ese presentimiento suyo y actitud valiente hacia el dinero lo habían colocado de nuevo en armonía con el éxito.

Fomenta la costumbre de hacer grandes equilibrios en tu fe. Así recibirás maravillosas respuestas.

Como ya te habrás dado cuenta, miramos asombrados a las personas que ejecutan actos increíbles en el circo. Estas personas tienen fe en que pueden realizar esas acrobacias, y somos testigos de cómo lo hacen. Nunca podrás lograr nada si no puedes visualizarte a ti mismo haciéndolo. Para realizar estos difíciles actos se necesita toda una vida de preparación y armonía. Tu éxito y felicidad dependen de tu preparación y armonía. Caminar en la cuerda floja es como confiar en Dios. La duda y el miedo son la causa de que pierdas el equilibrio (armonía) y de que caigas en las carencias y limitaciones. Hay que practicar, tal y como lo hace el artista del circo. No importa cuántas veces caigas, inténtalo otra vez. Pronto adquirirás la costumbre de prepararte y buscar el equilibrio. Entonces el mundo será tuyo. Caminarás seguro en tu reino. Parece que todos los artistas del circo aman su trabajo, sin importar que sea difícil. La banda toca, el público aplaude y sonríe, pero no lo olvides: ellos entrenaron sin música ni aplausos.

La armonía, el ritmo y el equilibrio son las llaves hacia el éxito y la felicidad. Cuando estás fuera de ritmo, estás fuera de la suerte.

En Filipenses 4, 6 leemos: "No se inquieten por cosa alguna; antes bien, en toda ocasión, presenten a Dios sus peticiones, mediante la oración y la súplica, acompañadas de la acción de gracias, que él los escuchará". Verdaderamente este resulta ser un maravilloso trato, todo en favor de los seres humanos. La humanidad, libre de preocupaciones y miedos; pide con acción de gracias, y tu bienestar te será dado.

VICTORIA Y REALIZACIÓN

Victoria y realización son dos extraordinarias palabras. Desde que fuimos conscientes de que las palabras y pensamientos son una especie de energía, tenemos sumo cuidado al emplear las palabras que queremos ver materializadas.

La vida es como un crucigrama, sólo hay una palabra correcta que te da la respuesta. Actualmente mucha gente está utilizando a la ligera palabras destructivas en sus conversaciones. Dicen por ejemplo: "¡Estoy quebrado!", "¡Estoy enfermo!" Nunca olviden que por sus palabras serán juzgados o salvados. Las palabras que pronuncias no regresan neutralizadas, y te puedes condenar por ellas. Si cambias tus palabras cambiarás tu mundo, porque la palabra es tu mundo. Ahora todo el mundo está consciente de las calorías que consume, y tienes mucho cuidado en elegir tus alimentos. Las personas no pasan más tiempo comiendo pasteles calientes, bistec, papas, pastelillos y tres tazas de café en el desayuno. Mantienen su peso correcto porque comen pan tostado y jugo de naranja. Esta dieta es una disciplina tremenda, pero sólo así se consiguen resultados. ¿Por qué no intentas llevar una dieta de palabras adecuadas?; porque, literalmente, te alimentas de tus palabras. Eso es lo que vale una afirmación. Con ella estás construyendo, intencionadamente, una imagen favorable en tu mente. Tal vez en estos momentos tu mente puede estar atiborrada y bloqueada con ideas negativas; pero si continuamente pronuncias una afirmación de Verdad, esas formas de pensamiento negativo desaparecerán. Ese tipo de pensamientos han sido creados en tu vano imaginar. Tal vez desde niño se te enseñó que la vida es dura, la felicidad efímera y que el mundo es frío y poco amable. Estas ideas están grabadas profundamente en tu subconsciente, por eso descubrirás que esas cosas se hicieron realidad. Cuando entiendes la Verdad todas esas imágenes externas se transforman. Para los estudiantes son sólo apariencias, las cuales cambian cuando tus imágenes subconscientes cambian.

Si le hablo a la gente sobre el poder de la palabra, y les digo que esas palabras y pensamientos son una clase de energía y siempre regresan cargadas con algo, me dicen: "¿Oh, en realidad es tan sencillo como eso?" A mucha gente le gustan las cosas problemáticas y difíciles de entender. Supongo que por esa razón las enseñanzas de Jesucristo, que eran sumamente simples, se olvidaran después de unos cuantos años. Las personas fundaron sus credos y ceremonias usando tan sólo la mitad de lo que entienden. En estos tiempos, en pleno siglo veinte, las enseñanzas que estaban perdidas están siendo reveladas y tenemos una vez más un cristianismo primitivo.

"¡Reza, ten fe, y recibirás!" Gracias a esto sabemos que nuestras peticiones o esperanzas se graban en el subconsciente y se realizan. Podemos decir si rezas pero no tienes fe, no recibirás. La esperanza se crea a partir de la fe.

La Inteligencia Infinita, de la que los seres humanos obtienen su abastecimiento, es llamada por Jesucristo "Padre Celestial". Estar con el Padre es descrito por Jesucristo como tener un padre cariñoso y amoroso, ansioso por derramar todas sus bendiciones sobre sus niños. "No tengas miedo, pequeño rebaño, darte su Reino es un maravilloso deleite para tu Padre". Jesucristo enseñó que la Ley de Dios simplemente era una Ley de amor y buenos deseos: "Ama a tu prójimo como te amas a ti mismo", "haz por otros lo que quisieras que hicieran por ti". Cualquier violación de la Ley de amor provoca un corto circuito. "El camino del infractor es cruel." Dios es la Ley inalterable: "Yo soy el Señor (la Ley), y no cambio".

Las Ideas Divinas no se pueden alterar, no están sujetas a ningún cambio. Qué extraordinarias palabras: "Inalterables, no están sujetas a ningún cambio".

En cierta ocasión una mujer vino a consultarme, estaba llena de miedos y odios. Me dijo que durante años el temor de que algo le sucedería y la dañaría si conseguía el deseo de su corazón, la había atormentado. Le di la siguiente afirmación: "El Plan Divino de tu vida es una idea perfecta en la Mente Divina, incorruptible e inalterable, y no puede ser dañada de ninguna manera". En ese momento una pesada carga fue liberada de su mente. Por primera vez en años estaba inundada por un sentimiento de felicidad y libertad. Conoció la Verdad y la Verdad le dio un sentido de libertad, en poco tiempo supo lo que era la libertad real en lo externo.

Cuando la palabra se pronuncia, la Inteligencia Suprema es la que hace que los seres humanos lleguen a ser uno solo con ella. Esta Inteligencia Suprema espera que los humanos la activen, pero deben saber cuál es el camino correcto, y no se debe ser limitada.

Cuando hay Actividad Divina en nuestro cuerpo tenemos salud. Sólo hay una enfermedad, la congestión; y una cura, la circulación. La congestión y el estancamiento son lo mismo. La gente suele decir "cayó en un hoyo". Una nueva idea los sacará del hoyo. Tenemos que salir del hoyo de los pensamientos negativos.

La palabra entusiasta se define en el diccionario como: "alguien que está inspirado o poseído por un dios". El entusiasmo es la Luz Divina y a su vez aviva el entusiasmo de otros. Para ser un buen vendedor tienes que demostrar entusiasmo por los artículos que vendes. Si estás aburrido o sientes indiferencia por tu negocio, algo que resultará evidente para los clientes, nadie se interesará por sí mismo.

En cierta ocasión una mujer vino a consultarme para que su negocio se volviera un éxito. Ella me dijo: "Soy dueña de una tienda, pero casi siempre está vacía. Mi tedio es tan grande que la abro hasta muy entrada la mañana, ¿cómo la debo usar?" Yo le contesté: "Desde luego no existe un mejor uso que el sentir y trabajar por ese o cualquier negocio. Con tu actitud estás alejando a las personas. Entusiásmate con lo que tienes que vender. Sé entusiasta contigo misma. Sé entusiasta con el Poder de Dios que esta en tu interior y levántate temprano para abrir tu tienda y prepárate para recibir a una gran muchedumbre".

Por ese tiempo estaba colmada con la Esperanza Divina. Se daba prisa para abrir su tienda tan temprano como podía, había mucha gente esperando afuera y no dejaban de venir en todo el día.

Con frecuencia la gente me dice: "Le regalo mi negocio". Entonces les respondo: "No; pero trataré por usted, el negocio es para *usted*".

La carga que tenga tu pensamiento penetra en cada artículo de venta y el medio ambiente que lo rodea. Jesucristo fue un entusiasta divino, pues el mensaje que Él tenía que traer del Padre es que éste habita dentro de cada hombre. Era un entusiasta en lo que se refiere a la fe. Le dijo a la gente que cualquiera que "rezara en su nombre" conseguiría lo que necesitara.

Fue un mensaje de peticiones y respuestas. Les dijo cómo armonizar con la Ley espiritual. "Reza, ten fe y recibirás". "Cuando rezas sabes que ya lo tienes". "¿Por qué tienen miedo, oh, ustedes faltos de fe?"

La Luz Divina se vuelve a encender en la mente de todos los estudiantes de la Verdad, después de dos mil años. En estos días se está dando un renacimiento cristiano, un nuevo nacimiento, un reavivamiento de la cristiandad. Él enseñó los principios universales, sin dogmas o ceremonias. Vemos cómo miembros de todos los cultos y religiones se acercan a este movimiento de la Verdad. Pero no por eso se alejan de sus iglesias. Ahora, muchos clérigos incluso enseñan que los metafísicos son los maestros; pero Jesucristo es el más grande de todos los metafísicos, porque Él probó sus principios y realizó milagros a su paso. Envió hacia delante a sus discípulos, "a divulgar el Evangelio y sanar al enfermo". Alrededor de trescientos años su mensaje perduró, no obstante después se perdió su Luz Divina y las palabras: "Tú serás sanado" ya no fueron pronunciadas. El dogma y las ceremonias ocuparon su lugar. Pero ahora vemos a las personas reunirse en los Centros de la Verdad para ser curados, bendecidos y para conseguir su bienestar. Han aprendido cómo "orar correctamente" y tienen una fe activa.

Una mujer me contó cómo fue contestada su oración. En cierta ocasión recibió una carta de su hijo; en ella le contaba que viajaría en su carro al sur de

California para arreglar algunos negocios. Pero esa mañana ella leyó en el periódico que estaba cayendo un diluvio en esa zona, de inmediato invocó a la palabra para la Protección Divina. Sabía que su hijo estaría bien, pues tenía un gran sentimiento de seguridad. En poco tiempo tuvo noticias de él, le dijo que algunos asuntos imprevistos habían demorado su viaje, por lo que no pudo viajar. Si hubiera salido cuando lo tenía planeado, hubiera llegado a la zona donde estaba el diluvio. Llegamos a ser Divinamente Entusiastas sobre la forma en que se contestan nuestras oraciones, a las cuales llamamos "manifestaciones" o "demostraciones", gracias a ellas tenemos expuesta la Verdad y permanecemos tranquilos, libres de limitaciones.

El Salmo 24, 7 es uno de los más entusiastas entre todos los Salmos de alabanza y acción de gracias: "¡Puertas, levanten sus dinteles, levántense, portones antiguos, para que entre el Rey de la Gloria! ¿Quién es ese Rey de la Gloria? Dios, el fuerte, el valiente en la batalla".

Los dinteles y los portones simbolizan la conciencia del ser humano. Cuando la conciencia se eleva, hace contacto con el superconsciente, dentro de Dios, y el Rey de la Gloria entra. Este Rey de la Gloria atrae tus cargas y lucha tus batallas, es decir soluciona tus problemas.

La gente promedio pasa por tiempos difíciles *sin dejar* que el Rey de la Gloria entre. La duda, el miedo y la desconfianza mantienen los dinteles y portones cerrados con llave, dejando afuera su bienestar.

Una estudiante me contó de una ocasión en la que por un pensamiento atrajo algo negativo. Sus viejas y queridas amigas la habían invitado a una reunión. Para ella era muy importante asistir. Estaba tan deseosa de ir, que continuamente repetía: "Oh, espero que no pase nada imprevisto y no pueda ir". El día de la recepción se levantó con un insoportable dolor de cabeza. Desde hacía algunos días padecía de esos dolores de cabeza, que la mantenían en cama mucho tiempo, sin embargo habían pasado muchos años sin que ella se sintiera mal. Sus dudas y miedos habían atraído esa enfermedad. Entonces me llamó para solicitar mi ayuda: "Por favor pronuncia la palabra adecuada para que esté curada en la tarde y pueda ir a la reunión". Yo le contesté: "Por supuesto, no existe nada capaz de interferir con el Plan Divino de Dios". Y pronuncié la palabra adecuada. Poco tiempo después, mi alumna me contó de su milagro. Me dijo que a pesar de que se sentía mal, se alistó para asistir. Pulió sus joyas, preparó el vestido que iba a usar y se ocupó de cada detalle, aunque se sentía muy débil para moverse. Más tarde, cuando ya casi era de noche, me dijo que tuvo una sensación extraña, como si la neblina que se alzaba en su mente se disipara; se sintió absolutamente bien. Asistió a la reunión y se la pasó de maravilla. Estoy segura que su curación hubiera llegado más pronto si ella no hubiera dicho tantas veces: "Tengo que estar bien aunque sea por esta noche". Continuamente nos limitamos por medio de nuestras palabras, diciendo esa sólo hasta que llegó la noche ella se sintió completamente bien. "Por tus palabras serás juzgado o condenado."

Conocí a un hombre que dondequiera que fuera era el centro de atracción, porque siempre se mostraba entusiasta sobre cualquier tema del que se hablara. Si se trataba de zapatos, ropa o un corte de cabello, entusiasmaba a los demás para que compraran las mismas cosas. Jamás conseguía nada material para él, tan sólo era su entusiasmo natural. Alguien ha dicho: "Si quieres ser interesante para los demás, muestra interés por algo". Una persona con intereses es una persona entusiasta. Solemos escuchar que la gente dice: "Dime en qué estás interesada".

En el mundo hay mucha gente que carece de intereses vitales y tienen hambre de escuchar lo que otras personas hacen. Normalmente encienden la radio desde muy temprano y la apagan hasta altas horas de la noche. Se deben entretener cada minuto. Sus propios asuntos carecen de interés hasta para ellos.

En una ocasión una mujer me dijo: "Me encanta conocer los asuntos de otras personas". Evidentemente vivía en el chisme. Toda su conversación se basaba en frases como: "Se lo dije", "se lo di a entender" u "oí por ahí". Resulta redundante decir que ella pagaba de esa manera su deuda *kármica*. Todo el mundo sabía acerca de sus asuntos, una enorme infelicidad la había alcanzado. Es peligroso relegar tus propios asuntos y fomentar una curiosidad malsana en lo que los otros están haciendo. Todos debemos estar ocupados en perfeccionarnos, y tener un interés sensible por los demás.

Obtenga el mayor provecho de sus desencantos, transfórmelos en felices sorpresas. Convierta todo fracaso en éxito. Cambie todo lo imperdonable en perdón; toda injusticia en justicia. Si hace esto se mantendrá suficientemente ocupado afinando su propia vida, que no tendrá tiempo para ponerse a investigar lo que les pasa a los demás.

Al realizar sus milagros, Jesucristo despertó el entusiasmo de las multitudes por la curación de los enfermos y por el levantamiento del muerto. "Y una muchedumbre lo siguió porque fueron testigos de los milagros que hacía en aquellos que estaban enfermos." Cuando leemos esto, sentimos el entusiasmo de las multitudes que lo rodearon. Gracias a Él todas las cosas fueron posibles, que Él y el Padre eran, realmente, uno mismo.

Con Divino entusiasmo glorifico lo que tengo y observo con asombro como va aumentando.

ÍNDICE

Armas que ustedes desconocen	7
Dio hasta su poder	15
Sé fuerte, no temas	25
La gloria del Señor	37
Paz y prosperidad	47
Tu gran oportunidad	55
No preocuparse por nada	65
Sin miedo	77
Victoria y realización	87

El poder de la palabra hablada, de Florence Scovel Shinn,
fue impreso y terminado en febrero de 2012
en Encuadernaciones Maguntis, Iztapalapa,
México, D. F. Teléfono: 5640 9062.

La palabra humana es más que letras para comunicarse: es una poderosa varita mágica gracias a la cual podemos obtener cualquier deseo, sanar cualquier enfermedad, transformar cualquier situación. Si se invoca con absoluta fe y con confianza plena, la varita mágica tiene el poder de cambiar una situación adversa en favorable.

Si comprendemos que el pensamiento es esa vibra atractiva y extraordinaria de la que habla todo mundo, pero de la que muy pocos se sirven, entonces conseguiremos todo lo que queremos. Gracias a esa buena vibra podemos cambiar nuestras vidas atrayendo todo el amor, la salud y la prosperidad que nos están destinados.

¿La vida es una pelea, un sufrimiento? Florence Scovel Shinn nos dice en esta maravillosa obra que la vida es un juego. Sí, un juego que si aprendemos a jugar de acuerdo con las enseñanzas metafísicas, entonces obtendremos la victoria.

Las reglas de este juego están basadas en las enseñanzas tanto del Antiguo como del Nuevo Testamento. El juego de la vida consiste en recibir y en dar. Así, el significado profundo de estas enseñanzas es que recibirás lo que diste: si das amor, recibirás amor. Si odias, serás odiado. Está en nosotros decidir el rumbo del juego.

A una persona exitosa siempre se le pregunta: "¿Cuál es el secreto de su éxito?". Nadie suele preguntarle a un hombre arruinado: "¿Cuál es el secreto de su ruina?". Darse cuenta de eso es sencillo y a ninguna persona le interesa saberlo.

Esta obra de la reconocida Florence Scovel Shinn nos dice que cada uno de nosotros ha erigido una muralla a su alrededor. ¿Qué clase de muro? Normalmente se trata de uno de rencor. El secreto del éxito es hacer que lo que uno está haciendo resulte interesante para los demás. Otros verán que usted es interesante si tiene interés en usted mismo.